Dina Michels

Weiße Kittel –
Dunkle Geschäfte

Im Kampf

gegen die

Gesundheitsmafia

Rowohlt · Berlin

1. Auflage September 2009
Copyright © 2009 by Rowohlt · Berlin
Verlag GmbH, Berlin
Satz Documenta PostScript, InDesign,
bei Pinkuin Satz und Datentechnik, Berlin
Druck und Bindung CPI – Clausen & Bosse, Leck
Printed in Germany
ISBN 978 3 87134 643 9

Inhalt

Für Laura

Der große Reibach mit unserer Gesundheit

Als Frau Lehmann ins Zimmer kam, traute sie ihren Augen nicht. Unter einer zerwühlten Decke ragten herausgerissene Katheter hervor. Aus einem Schlauch tropfte Flüssigkeit auf den Boden. Inmitten des Chaos lag ihr Mann. Er schlief wie schon so lange, denn Herr Lehmann lag im Koma. Eine Szene aus einem Horrorfilm? Nein, die Folgen einer Therapie. Ein Kölner Physiotherapeut sollte einen Wachkomapatienten in dessen Wohnung behandeln. Offenbar war der Mann jedoch schlecht ausgebildet – und faul obendrein. Eine versprochene Atemtherapie hat er nie durchgeführt. Mit der Krankenkasse rechnete er sie trotzdem ab, ebenso wie seine anderen zweifelhaften Leistungen. Über Monate ging das offenbar so, bis die Ehefrau des Kranken Alarm schlug. Häufig war sie gar nicht zu Hause gewesen – deshalb kann sie das Ausmaß der falschen Behandlung heute nur erahnen.

Ein Einzelfall? Das würden wir gern glauben. Niemandem trauen wir so sehr wie Menschen in weißen Kitteln. Regelmäßig ermittelt das Allensbach-Institut die Berufe mit dem höchsten Ansehen – seit Jahren mit Abstand ganz vorn: die Ärzte. Im Jahr 2008 genossen sie bei 78 Prozent der Deutschen einen ausgezeichneten Ruf.[1] Tendenz steigend. Dieser enorme Vertrauensvorschuss wird noch deutlicher, wenn man Platz zwei betrachtet: Dort folgen, mit 39 Prozent, die Geistlichen. Die Apotheker liegen mit 24 Prozent Vertrauensbonus ebenfalls weit vorn. Auf sie verlassen sich Deutsche jedenfalls lieber als auf Studienräte, Offiziere oder Buchhändler – von Politikern oder Gewerkschaftsführern ganz zu schweigen. Am liebsten würden wir uns wohl von Medizinern regieren lassen, denn ihnen vertrauen wir fast blind.

Es muss am Ruf des selbstlosen Heilers liegen. Auf jeder Medikamentenpackung wird die Zuversicht wie ein Mantra bekräftigt: Bei Risiken und Nebenwirkungen fragen Sie Ihren Arzt oder Apotheker. Wer hat nicht schon von Hippokrates und seinem legendären Eid gehört, der die Ärzte verpflichtet, stets nur das Wohl des Kranken zu beachten. Und in der christlichen Welt werden noch heute Kosmas und Damian verehrt, die Schutzheiligen der Ärzte. Sie wurden «die Silberlosen» genannt, denn die Brüder nahmen von ihren Patienten kein Geld und bekehrten damit viele zum Christentum. Als Damian einst von einer Frau zum Dank einen Apfel bekam, führte das zum erbitterten Streit mit Bruder Kosmas, der dies als unethisch empfand. Den beiden soll, von Engeln assistiert, die erste Transplantation gelungen sein. Sie amputierten einem schlafenden Kranken sein zerfressenes Bein und setzten ihm ein gesundes an. Dies hatte Damian einem verstorbenen Afrikaner abgenommen, die man damals noch Mohren nannte.

Heutzutage vollbringen manche Ärzte einträglichere

Wunder. So machte ein Dresdener Allgemeinmediziner aus einem einzigen Fußballspieler kurzerhand eine ganze Mannschaft. Eigentlich sollte der Mann nur einen der Kicker untersuchen. Aber das lohnte sich wohl nicht. Er rechnete lieber gleich für alle Spieler ab. Streng genommen betrog er nicht um große Summen: Die Ordinationsgebühr kostete gerade einmal 12 Euro, eine Ganzkörperuntersuchung schlappe 14 Euro. Zusätzlich berechnete der Arzt noch 13 Euro für dreißig Minuten «Beratung bei einer schweren Erkrankung mit lebensverändernder Wirkung» – ein besonders gern hinzugedichteter Posten.

Insgesamt kam aber ein hübsches Sümmchen zusammen. Bei angeblich achtzehn untersuchten Fußballern hatte der Arzt in wenigen Minuten mal eben 700 Euro verdient. Das Fußballwunder von Dresden vollbrachte der Mediziner im Übrigen nicht allein. Der Trainer hatte ihm die Versichertenkarten zugesteckt.

Auch wenn wir es nicht wahrhaben wollen: Ärzte, Zahnmediziner, Apotheker und die Menschen in anderen Heilberufen haben ihre ganz eigenen Interessen. Sie möchten gern so viel verdienen wie der erfolgreiche Kollege, den Kindern zum Abitur ein Auto kaufen oder im Sommer nach Brasilien fliegen. Der Großteil verhält sich zwar einwandfrei, doch allzu viele können der Versuchung nicht widerstehen, sich selbst zu bedienen. Die finanziellen Folgen sind dramatisch: Sechs bis zwanzig Milliarden Euro Schaden verursacht die Ausbeutung des deutschen Gesundheitswesens jährlich, schätzen die Korruptionsbekämpfer von Transparency International.[2]

Zusätzlich befeuert der demographische Wandel den Betrug. Die Bevölkerung wird immer älter, und die Zahl der Beitragszahler nimmt ab. Entsprechend schrumpfen die Einnahmen der Krankenkassen, während ihre Ausgaben steigen. Allerdings wollen weder Orthopäden noch Physiotherapeuten oder Apotheker finanzielle Abstriche machen. Zugleich sind die Versicherten nicht bereit, sich mit weniger als der bestehenden Versorgung zufriedenzugeben. Im Gegenteil, die Krankenkassen sollen immer die neuesten Therapien bezahlen und die teuersten Medikamente, die von der Pharmaindustrie auf den Markt geworfen werden – egal, ob es sich um echte Neuerungen oder um Mogelpackungen handelt.

Diese Mischung von Begehrlichkeiten bildet zusammen mit unzureichender Kontrolle und bestehenden Gesetzeslücken den idealen Nährboden für Straftaten. Nur ein Beispiel: Eine Patientin möchte ein faltenfreies Gesicht, doch für diesen Zweck bezahlt die Krankenkasse das teure Mittel nicht. Ihr Arzt kann ihr das Medikament durchaus verschreiben, dazu muss er jedoch eine Krankheit diagnostizieren. Um sicherzugehen, tut er sich mit einem Apotheker zusammen. Fertig ist das kriminelle Kleinkartell. Für ein solches Verhalten bezahlen wir alle.

Denn wenn die Löcher im Gesundheitsetat zu groß werden, müssen die Versicherten diese mit steigenden Beiträgen stopfen. Dieser Zusammenhang fällt fast niemandem auf. Kaum etwas lässt sich schwerer durchschauen als der Fluss der Gelder im Gesundheitssystem. So werden die Kassenbeiträge direkt vom Gehalt abgezogen, ohne dass jemand diese Summen jemals bar in den Händen hielte. Gehen wir zum Arzt oder Apotheker, dann erfahren wir nicht, was beide tatsächlich für uns abrechnen. Von wem sie eigentlich für welche Leistung bezahlt werden, können die meisten Patienten nur ahnen. Sie wissen, dass irgendetwas mit ihren Beiträgen passiert. Aber wirklich vorstellen können sie es sich nicht. Genau das nutzen Kriminelle in Weiß aus: Wer vermisst schon Geld, das zuvor niemand gesehen hat. Deshalb muss das System transparenter und deutlich besser kontrolliert werden.

Seit nunmehr sieben Jahren versuche ich genau das zu tun. Damals bewarb ich mich bei der Prüfgruppe Abrechnungsmanipulation der KKH. Hinter diesem sperrigen Namen verbirgt sich ein heute neunköpfiges Team, welches den Betrügern im Gesundheitssystem nachspürt. Schon zuvor hatte ich bei der KKH gearbeitet, deshalb wusste ich, dass wir von manchen Ärzten und Apothekern auf dreiste Weise betrogen wurden. Auf diesem Gebiet zu ermitteln stellte ich mir abwechslungsreich und spannend vor. Außerdem fand ich es ungerecht, dass viele für die Maßlosigkeit weniger bezahlen sollten.

Das wahre Ausmaß dieser Raffgier schwante mir damals noch nicht. Doch schon nach wenigen Monaten als Ermittlerin wusste ich, dass es gar nicht so wenige sind, die sich schamlos bereichern. Und dass sie weit mehr Geld beiseiteschaffen, als ich mir bis dahin ausgemalt hatte. Seit 2005 leite ich den Bereich. Meine Mitarbeiter und ich verfolgen die Spur der Täter vom ersten Hinweis über die Ermittlungen der Staatsanwaltschaft bis zum Gerichtsprozess. Einige sind wie ich gelernte Juristen, sonst ließen sich die komplexen Rechtsverhältnisse im Gesundheitswesen oft gar nicht durchschauen. Andere sind Spezialisten aus den Leistungs-

und Vertragsbereichen. Und natürlich haben wir auch Helfer in unserem Backoffice, die unermüdlich die vielen Hinweise entgegennehmen, recherchieren und unsere Versicherten befragen, wie sich alles tatsächlich zugetragen hat. Ohne diese Informationen kämen wir oft nicht weiter.

Wenn nötig, besuchen wir Ärzte, Apotheker, Fitness-studios, Sanitäts- und Krankenhäuser auch undercover, um Betrüger zu enttarnen: Internisten, die nie erbrachte Magen-spiegelungen abrechnen; Ärzte, die ihren Patienten Hörge-räte verschreiben, die sie gar nicht brauchen; Apotheker, die Rezepte bei der Krankenkasse einreichen, ohne die Medika-mente jemandem ausgehändigt zu haben. Sie alle verbindet eines: Sie haben keine Skrupel, sich bei denen zu bedienen, die zu den Schwächsten der Gesellschaft zählen – den Alten und den Kranken. Denn sie bereichern sich an den Töpfen, die eine medizinische Versorgung für alle sichern sollen.

Über einen Mangel an Arbeit können wir uns deshalb nicht beklagen. Immer wieder stoßen wir auf Netzwerke gewissenloser Betrüger, deren kriminelle Energie keine Grenzen hat. Die juristische Fakultät der Universität Hanno-ver schätzt jährlich fünf- bis zehntausend Fälle von Abrech-nungsmanipulation – und es werden immer mehr. Dabei ist die Dunkelziffer enorm. Das liegt zum einen daran, dass viele Krankenkassen noch immer nicht ausreichend ermitteln. Zum anderen schützen sich die Kriminellen durch Heim-lichkeit und Schweigen, wie es auch in mafiösen Strukturen üblich ist. Diese Mauer des Schweigens zu durchbrechen und mehr Fälle beim Staatsanwalt anzuzeigen ist mein Ziel. Leider wird dort aber in zu vielen Verfahren nur halbherzig ermittelt, oder sie verlaufen im Sande. Die Behörden werden der Komplexität des Themas nicht mehr Herr oder haben nicht genug Leute, um die Fülle an Hinweisen zu bewältigen. Viele Staatsanwälte scheuen sich zudem, gegen den hoch angesehenen Berufsstand der Ärzte vorzugehen. Häufig heißt es dann, die Schuld des Mediziners sei als gering einzustufen – Verfahren eingestellt.

Das ist fatal, weil diese Form des Stillstands der größte Schutz für Kriminelle ist. Wenn gegen die Täter nicht konsequent ermittelt wird, fühlen sie sich in ihrem Tun noch bestärkt. Das führt wiederum dazu, dass sie ihre Machenschaften fortführen oder sogar ausweiten. Ihnen kann ja offenbar nichts passieren. Bis heute sind sich die meisten Menschen gar nicht bewusst, welch ein großes Problem Betrug und Korruption oder Vetternwirtschaft im Gesundheitswesen in Wahrheit sind. In Sizilien gingen die Behörden erst dann wirksam gegen die Mafia vor, als die Öffentlichkeit gegen Ende des letzten Jahrhunderts akzeptieren musste, dass es diese Kartelle tatsächlich gab. Vorher war ihre Existenz insbesondere von den Eliten schlichtweg verneint worden. Auch wenn im deutschen Gesundheitswesen keine sizilianischen Verhältnisse herrschen, steht eines fest: Verschweigen und Zudecken dient nur den Tätern.

Diese Erkenntnis hat mich dazu veranlasst, neue Methoden auszuprobieren, um die Betrüger in Arztpraxen, Krankenhäusern und Apotheken zu demaskieren. Nach anfänglicher Skepsis arbeiten wir deshalb auch mit Journalisten zusammen. Gemeinsam gehen wir beispielsweise Hinweisen auf betrügerische Mediziner nach. Dabei geben wir uns als Patienten aus, der Kollege trägt in der Brille oder der Krawatte eine versteckte Kamera. Obwohl ich schon einiges gesehen habe, schockiert mich die Dreistigkeit, mit der Ärzte ihre Patienten an Gesundheitshandwerker verschachern oder ihnen zweifelhafte Produkte andrehen, immer wieder aufs Neue.

In diesem Buch werde ich erstmals unsere Ermittlungsarbeit einer breiten Öffentlichkeit schildern. Von Fall zu Fall möchte ich zeigen, was sich hinter abstrakten Begriffen wie Korruption und Betrug konkret verbirgt: Wieso können Ärzte ihre Patienten noch immer verpflichten, Bandagen oder Einlagen von bestimmten Anbietern zu beziehen, obwohl dies verboten ist? Wer arbeitet mit wem zusammen? Wer zieht wo die Fäden? Je sichtbarer das Geflecht der Kriminalität im Gesundheitswesen wird, desto deutlicher lassen sich die Konsequenzen erkennen: Wie wirken sich Bestechung und Bestechlichkeit für die Krankenkassen und deren Versicherte aus? Warum ist es so verhängnisvoll, wenn die Staatsanwaltschaften nur mit halber Kraft ermitteln? Lässt sich das Gesundheitssystem so gestalten, dass es weniger leicht auszubeuten ist? Und was kann der Einzelne tun, um etwas zu ändern?

Gerade hier Antworten zu geben ist wichtig. Denn es reicht nicht aus, nur ein düsteres Bild zu entwerfen. Wer diese Seiten gelesen hat, soll als Patient selbstbewusster auftreten und Ungereimtheiten schneller registrieren. Dabei geht es nicht darum, ganze Berufsstände in Verruf zu bringen – so wurden sämtliche Namen von Tätern und Opfern, die in diesem Buch genannt sind, aus Datenschutzgründen geändert. Ich will vielmehr den Lesern dabei helfen, die schwarzen Schafe im weißen Kittel zu erkennen. Letztlich liegt dies auch im Interesse der ehrlich arbeitenden Mediziner, Apotheker und Gesundheitstechniker. Denn niemand schadet den Berufsständen im Gesundheitswesen so sehr wie die eigenen kriminellen Kollegen.

Dabei geraten diejenigen, die sich um unsere Gesundheit bemühen, selbst immer mehr unter Druck. Die Apotheken, um die es im ersten Kapitel geht, sind ein gutes Beispiel für einen Markt, der stetig enger wird. Versandapotheken sorgen für mehr Wettbewerb, Drogerien sind ins Geschäft mit Vitaminpillen und Gesundheitstees eingestiegen. Immer wieder werben Krankenkassen dafür, Apothekenketten mit Filialen überall im Land zuzulassen. Verpasst ein Pharmazeut den Anschluss, findet er schnell Argumente für seinen ersten Betrug – die schwankenden Umsätze könnten aufpoliert, das Auto abbezahlt oder endlich das neue Haus gekauft werden. Aber ist das ein Grund, sogar Menschenleben aufs Spiel zu setzen?

Genau das tun manche Apotheker. Kaltblütig nutzen sie die Drogensucht Aidskranker aus und kaufen ihnen die teuren Rezepte für ihre aufwendigen Therapien ab. Statt der dringend benötigten Medikamente bekommen die Abhängigen ein wenig Bargeld. Ein solches Geschäft beschert dem Pharmazeuten ein üppiges Nebeneinkommen. Dem Süchtigen beschert es dagegen nur ein kurzes Glück und bringt ihn dafür dem Tod ein gutes Stück näher.

Weniger gefährlich, aber dafür umso verbreiteter ist der Handel mit sogenannten Luftrezepten. Ein Arzt sucht in seiner Kartei nach dem Zufallsprinzip ein paar Patienten heraus, denen er teure Medikamente verschreibt. Allerdings werden sie diese Arzneien nie zu Gesicht bekommen. Ein befreundeter Apotheker rechnet die Scheinverordnungen bei der Krankenkasse ab, und beide teilen sich den Gewinn. Medikamente für schwere Leiden wie die Bluterkrankheit oder Krebs sind besonders teuer und daher auch besonders beliebt. Über mehrere Jahre kann ein Rezeptkartell mit einem einzigen Patienten mehrere hunderttausend Euro verdienen. Die angeblich Kranken werden davon nie erfahren. Wie sollten sie auch ahnen, dass sie benutzt werden? Schließlich vertrauen sie ihrem Arzt oder Apotheker.

Ebenso wenig hinterfragen viele Patienten ihre Diagnose oder ihre Therapie. Sie verlassen sich auf das Fachwissen ihres Arztes. Der Mediziner hat das Recht, selbst gegenüber der Polizei über die Behandlung seiner Patienten zu schweigen. Wie die Betrüger in Weiß dieses Vertrauensverhältnis zwischen Arzt und Patient ausnutzen, zeigt das zweite Kapitel. Wie sollte der Kranke es merken, wenn ihm eine Behandlung zuteil wird, die nur dem Geldbeutel des Arztes nützt? Der Arzt ist in der komfortablen Situation, nicht nur das Angebot, sondern auch die Nachfrage zu bestimmen. Denn er ist nicht nur für die Diagnose zuständig, sondern auch für die Therapie. In der Wirtschaft heißt dieses Prinzip angebotsinduzierte Nachfrage.

Des Öfteren kommt es aber auch vor, dass Mediziner gar nicht behandeln und trotzdem abkassieren. So rechnete ein schon in die Jahre gekommener Internist aus der Nähe von Hannover etliche Magenspiegelungen und Ultraschalluntersuchungen ab. Leider konnten sich seine Patienten so gar nicht an diese Behandlungen erinnern. Später stellte sich heraus, dass der Mann seine Praxis verkaufen und den potentiellen Käufern den Eindruck einer florierenden Praxis vermitteln wollte. Auf diese Weise hoffte er, den Preis in die

Höhe zu treiben. Denn der Wert einer Praxis bemisst sich nach der Zahl der abgerechneten Fälle pro Quartal.

Besonders teuer wird es beim Zahnarzt. Die Materialien sind kostspielig, und die Arbeit am millimetergenauen Zahnersatz treibt die Kosten ebenfalls in die Höhe. Qualität hat eben ihren Preis, denken sich die Patienten. Doch kaum jemand weiß, was er im Mund mit sich herumträgt. Viel Raum für Schwindel. Ein besonders krasses Beispiel für solche Unverschämtheit war der sogenannte Globudent-Skandal: Hunderte deutscher Zahnärzte kauften ihren Zahnersatz über die Dentalhandelsgesellschaft Globudent um 50 Prozent billiger im Ausland ein. Den Krankenkassen stellten sie dennoch den deutschen Höchstsatz in Rechnung. Das Unternehmen gewährte den Zahnmedizinern bis zu 30 Prozent Rabatt, der auf dunklen Kanälen in bar oder über Auslandskonten an diese zurückfloss. Ein höchst lukratives Geschäft, das leider auch zu Lasten der Patienten ging: Denn ihr Anteil der Rechnung bemaß sich nach deutschem Tarif.

Natürlich finden Mediziner vermeintlich gute Gründe fürs Tricksen und Täuschen. In den vergangenen zwei Jahrzehnten haben sich in großen Teilen der Republik immer mehr Ärzte niedergelassen, was den Kampf um Patienten und Marktanteile verschärft hat. Dennoch plagen sie nur selten existenzielle Sorgen. Die Betrüger unter ihnen tricksen, um ihren Lebensstandard zu erhalten oder zu verbessern. Im besten Falle leiden ihre Patienten dabei ausschließlich finanziell. Wirklich schlimm wird es, wenn außerdem die physische und psychische Gesundheit der Patienten gefährdet ist. Kaum ein Arzt traut sich, diese Praktiken anzuprangern. Den Grund dafür kennen erfahrene Ermittler: Wer sich als Arzt an die Polizei wendet, wird zur Persona non grata. Seine Kollegen schneiden ihn, er bekommt keine Patienten mehr vermittelt. Hat er bisher etwa ein Krankenhaus geleitet, findet er sich schnell auf der Straße wieder.

Wer würde das durchhalten: acht Uhr morgens Wassergymnastik, neun Uhr Massage, zehn Uhr Elektrotherapie, eine halbe Stunde später Wärmetherapie/Heißluft, elf Uhr Heilbad, zwölf Uhr Packungen, 13 Uhr Mittagessen, 14 Uhr Krankengymnastik im Bewegungsbad, 15 Uhr manuelle Lymphdrainage, 16 Uhr Fußreflexzonenmassage, 17 Uhr manuelle Therapie, 18 Uhr Massage des Bindegewebes und 19 Uhr Krankengymnastik in der Gruppe. Eine solche Therapie-Tortur ist offenkundig medizinischer Unfug und für die Krankenkassen dazu noch ökonomischer Irrsinn. Und dennoch hat ein Physiotherapeut in einem Kurort solche Reha-Maßnahmen durchgeführt. Dabei arbeitete er mit einem Arzt zusammen, der die entsprechenden Rezepte ausstellte. Zwei Vertreter für Massageliegen komplettierten das kriminelle Gespann und rekrutierten die nötigen Patienten. Gegen die vier ermittelt derzeit die Staatsanwaltschaft – wegen Betrugs, Untreue und anderer Delikte.

In keinem Bereich verfolgen wir so viele Fälle wie bei Physiotherapeuten und Reha-Zentren. Das obige Beispiel illustriert auch, warum. Mit dem Verschreiben immer neuer Behandlungen lässt sich gutes Geld verdienen. Selten fragen die Patienten nach, denn sie glauben, dass der Arzt ihnen etwas Gutes tun will. Doch das Motto «Viel hilft viel» schadet nirgendwo so sehr wie in der Medizin. Wenn nicht gezielt behandelt wird, kann der Kranke schnell darunter leiden.

Außerdem laugen diese krassen Verstöße gegen das Wirtschaftlichkeitsgebot das Gesundheitssystem aus – mit gravierenden Folgen für die Beitragszahler.

Noch unangenehmer wird es für die Versicherten, wenn ungeschultes Personal sie behandelt. Vor allem in großen Gesundheitszentren ist dies durchaus üblich. Gleichwohl rechnen die Therapeuten die Behandlung in vollem Umfang mit den Krankenkassen ab. Dafür sollte der Patient allerdings auch das Recht haben, nicht von einem Auszubildenden oder Praktikanten behandelt oder sogar misshandelt zu werden.

Betrug, Fälschung und Manipulation sind in der Halbwelt in Weiß gängige Praxis. Jedoch zeigt das vierte Kapitel, dass damit das Arsenal der illegalen Methoden noch längst nicht erschöpft ist. Wie andere kriminelle Organisationen verdient auch die Medizinmafia ihr Geld mit Erpressung und Bestechung. Insbesondere wenn Ärzte mit den sogenannten Gesundheitshandwerkern Geschäfte machen, wird es sehr schnell hässlich. Hörgeräteakustiker sind beispielsweise darauf angewiesen, dass Kunden mit einem ärztlichen Rezept zu ihnen kommen und sich versorgen lassen. Aber was passiert, wenn der Arzt droht, seine Patienten gezielt zu anderen Akustikern zu schicken? Dann würde dieser wohl bankrott gehen oder zumindest erhebliche Einbußen erleiden. Selbstverständlich bietet der Mediziner eine Lösung an: Der Akustiker könnte ihn ja am Gewinn beteiligen. Viel zu viele gehen auf ein solches Geschäft ein.

Auch Sanitätshäuser, die orthopädische Hilfsmittel wie Bandagen und Strümpfe anbieten, werden auf ähnliche Weise erpresst. Zuweilen drehen sie den Spieß um und gehen von sich aus auf die Ärzte zu. Könnte Frau oder Herr Doktor nicht ausschließlich ihre Produkte vertreiben? Man werde sich schon erkenntlich zeigen. Nicht immer ist Bargeld im Spiel. Manchmal möchte ein Mediziner auch lieber den Urlaub auf dem Segelboot des Bandagenverkäufers verbringen oder ein Auto für die Ehefrau leasen lassen. Der Phantasie sind keinerlei Grenzen gesetzt. Bezahlt wird oft auch über fingierte Berater- oder Mietverträge. Augenscheinlich profitieren alle von so einem Geschäft. Nur nicht die Patienten.

Denn wenn der Gesundheitshandwerker seine Kunden vom Arzt zugeschustert bekommt, kann er die Qualität seiner Produkte getrost vernachlässigen. Die Kunden kommen ja ohnehin, und das Geld für die ärztlichen Dienste muss an irgendeiner Stelle wieder hereingeholt werden. Und wenn der Arzt nicht nach Befund, sondern nach Börse diagnostiziert, bekommt der Patient im schlimmsten Fall Dinge verordnet, die er gar nicht braucht. Kontrollieren kann er das kaum. Selbst wenn jemand aufbegehrt, hat dies oft keine Folgen. In einem Fall schenkte ein Orthopädietechniker einem Kunden eine bessere Bandage. Die vom Arzt selbst herausgegebene Bandage seines Hauslieferanten hatte sich als absolut ungeeignet erwiesen. Danach schärfte der Handwerker dem Mann jedoch ein, dem Orthopäden nichts zu erzählen – er fürchte sonst um seine Existenz.

Existenzielle Sorgen plagen auch viele Krankenhäuser. Noch vor wenigen Jahren waren sie fast ausschließlich in öffentlicher Hand. Heute hat sich das Bild grundlegend gewandelt. Private Investorengruppen betreiben mittlerweile eine Vielzahl von Kliniken und Pflegeheimen. Dadurch arbeiten die Häuser zunehmend wie ganz normale Konzerne:

betriebswirtschaftlich durchorganisiert und gewinnorientiert. Seit Einführung der Fallpauschalen und durch den allgemeinen Sparzwang im Gesundheitswesen wächst der Druck weiter. Das illustrieren die Beispiele in Kapitel fünf anschaulich.

So ließ sich die Belegschaft eines Krankenhauses etwas ganz Besonderes einfallen, um die eigenen Betten besser auszulasten. Sie fälschte die Ergebnisse der Strahlenmessungen von Patienten: Im Nachhinein erhöhte das Klinikpersonal die Werte, um den Aufenthalt der Kranken zu verlängern. Auf diese Weise blieben die Betten der betreffenden Stationen länger belegt. Denn nicht ausgelastete und damit unwirtschaftliche Abteilungen drohten schnell geschlossen zu werden. Ein anderes Krankenhaus in Hessen tauschte über längere Zeit Hüftprothesen nur teilweise aus, rechnete bei den Krankenkassen aber einen Komplettwechsel ab.

Über Lug und Betrug bei Ärzten, Apothekern, Physiotherapeuten und Hörgeräteakustikern regen sich Patienten zu Recht auf. Aber auch unter ihnen findet man jene, die ihre Mitmenschen bestehlen, wenn sich die Möglichkeit dazu bietet. Versicherte verleihen oder verkaufen ihre Krankenversichertenkarten, erschleichen sich beim Arzt teure Rezepte oder fälschen diese gleich selbst. In der Bodybuilder-Szene ist es weit verbreitet, Verordnungen über Wachstumshormone nachzumachen und in Apotheken einzulösen. Die künstlich aufgepeppten Muskeln kommen das Gesundheitssystem teuer zu stehen. Ein einziges Rezept über das Wachstumshormon Norditropin kann die Krankenkasse etwa 8000 Euro kosten. Die Täter werden selten gefasst. Sie betrügen aber nicht nur die Krankenkassen, sondern alle Beitragszahler und damit letztlich sich selbst. Sie pushen den Beitragsbedarf zu Lasten aller Einzahler. Diese Erkenntnis dringt viel zu selten durch. Hoffentlich kann die Lektüre des sechsten Kapitels dazu beitragen, dass sich dies ändert.

Gleichwohl soll dieses Buch mehr sein als ein finsteres Sittengemälde. In allen Kapiteln werde ich bereits auf besondere Rechte der Versicherten hinweisen, relevante Paragraphen erläutern und Hintergründe erklären. Doch im abschließenden siebten Teil liegt der Schwerpunkt ganz klar auf der Frage: Was lässt sich am derzeitigen Zustand tatsächlich ändern? Ob in der Politik, der Justiz oder der Zusammenarbeit der Krankenkassen – es könnte einiges zum Besseren gewendet werden.

Als Krankenversicherte sollten wir uns nicht ausschließlich darauf verlassen, was ein Staatsanwalt oder ein Abgeordneter für uns tut. Je aufgeklärter und selbstbewusster wir als Patienten sind, desto mehr können wir beeinflussen, wie wir behandelt werden. Und desto geringer ist die Gefahr, dass das Gesundheitswesen zu unser aller Lasten ausgeblutet wird. Denn die Erfahrung und wissenschaftliche Studien haben eines gezeigt: Kriminelle schreckt weniger die hohe Strafe als vielmehr die Gefahr, erwischt zu werden. Fast jeder fürchtet, vor der Gemeinschaft als Parasit dazustehen, denn die Abneigung gegen Schmarotzer ist in allen Kulturkreisen ausgeprägt. Durch den offenen Umgang mit schlechten Erfahrungen, kritische Fragen an Ärzte und Kontakt zur eigenen Krankenkasse können viele Betrugsfälle aufgedeckt oder sogar verhindert werden.

Je geschärfter unser Bewusstsein ist, desto größer ist das Risiko für die Täter. Wir brauchen eine Kultur, die den Be trug im Gesundheitssystem ächtet. Dabei steht der Einzelne schon heute nicht hilflos da. Zum Beispiel können Patienten bei den Krankenkassen Auskunft über die für sie abgerechneten Leistungen beantragen, ohne dass ihr Arzt oder Therapeut etwas davon erfährt. Bislang weiß das kaum jemand. Eine andere Möglichkeit sind die sogenannten Patientenquittungen, die vom Arzt nach der Behandlung eingefordert werden können. Sicherlich kein Allheilmittel. Aber es setzt ein weiteres Zeichen. Es signalisiert ihm, dass er nicht unbeobachtet handelt.

Nicht zuletzt erkläre ich auch einige grundlegende Rechte der Patienten. Denn oftmals wissen viele Menschen gar nicht, was ihnen zusteht. Wer weiß schon, dass bei einer Vorsorgeuntersuchung keine Praxisgebühr fällig ist? Oder dass man bei Leistungen, die die Krankenkasse nicht zahlt, eine Rechnung nach der Gebührenordnung erhalten muss? Wir haben Rechte, die wir einfordern sollten. Und schließlich gibt es Beratungsstellen und Homepages, mit deren Hilfe man eine zweite Ärztemeinung einholen oder Preise vergleichen kann. Denn nur, wenn wir unser kritisches Denken nicht zusammen mit der Chipkarte am Praxistresen abgeben, kann sich etwas ändern. Es geht nicht darum, sich künftig nicht mehr auf seinen Arzt oder Apotheker zu verlassen. Aber die Zeiten blinden Vertrauens sollten vorbei sein.

Erstes Kapitel

Apotheker auf Abwegen

Am Ende sind zwei Männer tot. Nachts um halb zwei schießt
der Apotheker Thomas Beil auf den Liebhaber seiner Frau
und verletzt ihn schwer. Als die Polizei mit Blaulicht am Ein-
familienhaus des Opfers eintrifft, lebt der Hochschullehrer
vermutlich schon nicht mehr. Unterdessen läuft Beil durch
die kühle Dezembernacht zum Spielplatz einer nahen Kur-
klinik. Er setzt sich in ein hölzernes Zelt, wo die Kinder sonst
Cowboy und Indianer spielen. Dann richtet er seine Pistole
gegen sich selbst und drückt ab. Dieser Schuss in der Nacht
des 18. Dezember 2005 beendet das Leben eines komplett ge-
scheiterten Mannes. Beil hatte Schulden in Millionenhöhe
angehäuft, sein Ansehen war dahin, sein Leben ruiniert. Dabei hatte er eigentlich nur seiner Mutter helfen wollen.

Alles fing damit an, dass sich Thomas Beil über einen Arzt
ärgerte. Er saß an seinem Schreibtisch und hielt ein Rezept
für seine schwerkranke Mutter in den Händen. Sie erhoffte
sich ein Medikament auf Mistelbasis, doch der Arzt hatte es
ihr nicht verschrieben. Da kam Beil auf eine Idee: Er griff zu
einem Kugelschreiber und fügte die gewünschte Arznei auf

dem computergeschriebenen Rezept hinzu. Würde dies der Krankenkasse auffallen? Vielleicht rechnete der Apotheker sogar damit, aufzufliegen. Doch es vergingen Tage und Wochen, niemand meldete sich und verlangte Auskunft über die Änderungen auf dem Rezeptformular. Beil versorgte seine Mutter mit dem Medikament und bekam von ihrer Krankenkasse das Geld dafür. Den Apotheker ließ ein Gedanke nicht mehr los: Warum sollte das, was einmal geklappt hatte, nicht auch ein zweites Mal funktionieren?

So wurde aus einem Mann, der seiner Mutter helfen wollte, ein äußerst gut verdienender professioneller Fälscher. Thomas Beil schrieb auf die ärztlichen Rezepte seiner Kunden weitere Arzneimittel, bevor er sie zur Abrechnung bei den Krankenkassen einreichte. Die Kosten erhielt er dann in voller Höhe erstattet, ohne die hinzugefügten Medikamente tatsächlich herausgegeben zu haben – ein grandioser Zusatzverdienst. Und den brauchte er auch. Nachbarn beschrieben den Apotheker später als Freund der schönen Dinge. Er leistete sich ein großes Haus in einem vornehmen Stadtteil, die Kinder waren mit allem Luxus ausgestattet, die Familie besaß vier Autos. In der Anklageschrift würde es später heißen, Thomas Beil habe «erheblich über seine Verhältnisse gelebt».

Aber wie wurde der Betrug überhaupt entdeckt? Wie so oft war es Zufall. Ein Rezept fiel durch widersprüchliche Angaben auf. Unsere Abteilung begann zu ermitteln. Wir entdeckten bald, dass Beil Rezepte für seine eigene Mutter verändert hatte. Wir konfrontierten ihn damit, und er räumte die Manipulationen auch sofort ein und überwies uns umgehend 8000 Euro. Damals ahnten wir nicht, was sich hinter diesem Fall noch verbergen sollte. Wir waren auf den Mann gestoßen, der seiner Mutter helfen wollte. Den professionellen Fälscher hatten wir noch nicht entdeckt.

Dann überprüften wir jedoch alle handschriftlich ergänzten Rezepte, die von seiner Apotheke abgerechnet worden waren. Unsere Mitarbeiter befragten die verordnenden Ärzte und wurden in noch viel größerem Umfang fündig. Wir erstatteten Strafanzeige und informierten auch die anderen Krankenkassen, damit diese ebenfalls ermitteln konnten.

Thomas Beil ahnte womöglich, was ihm bevorstand. Er schrieb uns einen Brief, in dem er sich für die «konstruktive Beilegung der Angelegenheit» bedankte. Dem Schreiben legte er 500 Euro bei. Zu diesem Zeitpunkt wusste er wahrscheinlich noch nichts von den weiteren Prüfungen und dem laufenden Ermittlungsverfahren gegen ihn. Wir informierten die Staatsanwaltschaft über diesen Bestechungsversuch.

Wie sich herausstellte, hatte Thomas Beil von den Krankenkassen insgesamt über eine Million Euro erschlichen. Die Staatsanwaltschaft sprach von gewerbsmäßigem Betrug im besonders schweren Fall. Außerdem hatte Beil mit der Manipulation der Rezepte Urkundenfälschung begangen, aber das fiel angesichts der riesigen Betrugssumme kaum noch ins Gewicht.

Nachdem alles aufgeflogen war, stand der 47-Jährige vor dem Aus. Die Krankenkassen forderten die Million Euro zurück, doch der Apotheker hatte das Geld schon ausgegeben. Sein Rechtsanwalt versuchte, Vergleiche auszuhandeln, um seinen Mandanten vor dem finanziellen Ruin zu bewahren. In seiner Heimatstadt Villingen-Schwenningen sprach sich schnell herum, wie Beil zu Wohlstand gekommen war. Freunde und Nachbarn wandten sich von ihm ab. Aus dem einst geachteten Mann wurde ein Geächteter. Als wäre das nicht genug, entdeckte der Apotheker, dass seine Frau im Nachbarort einen Geliebten hatte. Der 52-jährige Professor arbeitete seit sechs Jahren als Rektor der nahen Fachhochschule Furtwangen und genoss ebenjenes Ansehen, welches Thomas Beil verloren hatte. So wurde aus dem Apotheker und Fälscher auch noch ein Mörder. Besonders tragisch war, dass seine Frau schon an jenem Samstagabend befürchtet hatte, der Apotheker könnte sich umbringen. Sie alarmierte deshalb bereits um 21 Uhr die Polizei, doch die Beamten kamen zu spät. Sie fanden nur noch den Toten im Holzzelt.

Die Geschichte von Thomas Beil ist trotz ihres dramatischen Endes kein Einzelfall. Sie zeigt, wie leicht Männer und Frauen in weißen Kitteln auf Abwege geraten können. Die fetten Jahre für die Apotheker sind nämlich vorbei. Etwa 37 Milliarden Euro setzt die Branche jährlich um – doch der Druck auf viele Pharmazeuten ist groß, denn oft wirbt schon an der nächsten Ecke die Konkurrenz um Kunden. Mit über 21 000 Apotheken liegt Deutschland europaweit auf Platz zwei, allein die Franzosen sind noch üppiger versorgt, in Großbritannien gibt es dagegen nur halb so viele Pharmaläden.[1] Schon bisher ging es im Kampf um Marktanteile nicht selten rau zu. Doch künftig wird es noch ruppiger.

Nicht länger wollen große Pharmaketten wie der niederländische DocMorris-Konzern den kleinen Läden das Geschäft überlassen. Bislang müssen sie sich noch zurückhalten – derzeit dürfen in Deutschland nur natürliche Personen als Einzelhändler eine Apotheke betreiben, das gebietet das sogenannte Fremdbesitzverbot. Somit kämpft jeder Apotheker als Unternehmer für sich allein. Er darf maximal vier Apotheken betreiben und ist zugleich davor geschützt, dass eine Art Medizin-McDonald's Arzneien deutschlandweit extrem günstig anbietet – Kritiker dieses Systems monieren, dass die Verbraucher deshalb zu viel für ihre Medikamente bezahlen.

Doch die Branche fürchtet das Ende des Apothekers als Einzelunternehmer. Die Angst ist begründet: Viele Pharmagroßhändler hoffen auf den Tag, an dem der Apothekenmarkt geöffnet wird, und haben schon die entsprechenden Konzepte in der Schublade. Sie könnten nämlich viel mehr verdienen, wenn sie den Apotheker als Zwischenhändler für ihre Medikamente ausschalten würden. Politiker forcieren derweil die Idee vom Pillen-Aldi – sie verweisen auf das übrige Europa, wo Drogeriediscounter mit Tabletten und Salben ebenso handeln wie mit Zahnpasta und Haarshampoo. Und DocMorris macht weiter Druck: Das Unternehmen geht mit selbständigen Apothekern Franchise-Partnerschaften ein. Bis zu 500 Filialen sollen bis 2012 entstehen, mit denen die Niederländer zum Angriff auf die pharmazeutischen Tante-Emma-Läden blasen.

Auch durchs Internet droht den traditionellen Apothekern Konkurrenz. Seit Ende 2003 ist der Versandhandel mit Medikamenten erlaubt. Seitdem drängen immer mehr digitale Pharmazien auf den Markt. Etwa 750 000 Kunden versorgt der größte deutsche Anbieter Sanicare schon mit Präparaten aller Art. Viele Apotheker fühlen sich durch die Wettbewerber aus dem Netz noch zusätzlich an die Wand gedrückt.

Außerdem ist jedem Medikamentenverkäufer klar: Die größten Gewinne erzielt nicht er selbst. Weitaus mehr Profit erwirtschaften noch immer die Hersteller von Arzneimitteln, da sie die Preise für patentgeschützte Präparate frei festlegen können. Sie bekommen den Löwenanteil des milliardenschweren Pharmageschäfts. Und doch stempelt die Öffentlichkeit häufig allein die Apotheker zu Schuldigen. Nicht zufällig ist oft von «Apothekerpreisen» die Rede. Für viele Pharmazeuten offenbar ein Grund mehr, sich ohne schlechtes Gewissen illegal ein Zubrot zu verdienen.

Während Thomas Beil mit dem Manipulieren von Rezepten sein Geld machte, versuchen sich andere Apotheker in einer besonders perfiden Form des Betrugs: dem illegalen Handel mit Rezepten. Mit einem dieser Fälle beschäftigt sich derzeit ein Gericht in Hessen.

Laut Anklage hatte sich Folgendes abgespielt: Statt ihnen ihre lebenswichtigen Medikamente zu geben, kaufte der Apotheker Wolfgang Richter mehreren HIV-Infizierten ihre Rezepte ab. Mit hohen Gewinnen reichte er diese bei den Krankenkassen ein, ohne die Präparate tatsächlich zu bestellen. Vermutlich finanzierten die Kranken mit dem Geld des Apothekers ihre Drogensucht. Von drei Männern und drei Frauen besorgte sich der 60-Jährige auf diese Weise über zweihundert Rezepte.

Häufig verschafften ihm Zwischenhändler die Verordnungen. Einer davon war Uwe Tietze. Für das Sammeln und Abliefern der Rezepte zahlte ihm der Apotheker ein Drittel des Wertes. Danach lieferte Tietze einen Teil bei den Kranken ab und behielt den Rest für sich. Das lukrative Geschäft hörte erst auf, als Uwe Tietze den Apotheker anzeigte. Möglicherweise verriet er seinen Kumpan, weil zwei andere Zwischenhändler versuchten, ihn aus dem Geschäft zu drängen.

Der Handel mit Aids-Präparaten lohnt sich, weil diese Medikamente sehr teuer sind. Sie enthalten Kombinationen aus kostspieligen Wirkstoffen. Weil zudem die Zahl der Patienten vergleichsweise gering ist, wollen die Pharmakonzerne die Entwicklungskosten für diese Arzneien durch höhere Preise wieder hereinholen. 60 Tabletten mit dem Virushemmer Abacavir können bis zu 450 Euro kosten, ein paar Kapseln mit dem Wirkstoff Didanosin sogar bis zu 770 Euro. Das illegale Geschäft mit HIV-Präparaten ist somit für einen Apotheker höchst lukrativ.

Für den Infizierten kann es dagegen tödlich enden. Denn Aids-Therapien beruhen darauf, dass die Zahl der Viren im Körper mit Hilfe von Medikamenten so weit wie möglich verringert wird. Deshalb enthalten die Präparate hohe Wirkstoffkonzentrationen. Werden die Viren nicht weitgehend bekämpft, kann die Krankheit schnell zum Tode führen. Fatale Folgen hat es häufig auch, wenn der Patient nur einen Teil der verschriebenen Medikamente einnimmt. Werden die Aids-Viren nur unzureichend dezimiert, können sie sich der Wirkung des Präparats anpassen. Und dann sind sie gegen dieses Medikament resistent.

Insgesamt hat Wolfgang Richter HIV-Arzneien für rund 300 000 Euro abgerechnet. Vermutlich hat der Apotheker damit drei Krankenkassen um mehr als eine viertel Million Euro betrogen. Doch das reichte dem Pharmazeuten noch nicht. Er verkaufte seinen Klienten zudem illegal das starke Beruhigungsmittel Rohypnol – es ist bei Heroinabhängigen als Einschlafhelfer beliebt und macht schnell süchtig. Deshalb darf es nur auf Rezept herausgegeben werden, aber bei Apotheker Richter wanderte es wie ordinäre Kopfschmerztabletten über den Ladentisch. Wie viel er mit dem illegalen Rohypnol-Handel verdient hat, weiß bisher niemand.

Manch einen mag es schockieren, dass HIV-Infizierte ihre lebensrettenden Medikamente meistbietend verschachern. Aber man darf nicht vergessen, dass die Aids-Therapien oft eine Tortur bedeuten. Hochdosierte Wirkstoffmengen in den HIV-Präparaten können zu schweren Nebenwirkungen führen: Häufig leiden die Patienten unter Übelkeit, Durchfall und Schwächegefühl. Für einige reicht dies, um sich mit seinem Apotheker auf einen gefährlichen Handel einzulassen. Die große Mehrheit der Rezeptverkäufer will sich jedoch mit solchen Geschäften ihre Drogensucht finanzieren. Denn trotz aller Kampagnen für saubere Spritzen ist die Zahl der HIV-Infizierten vor allem unter Heroinabhängigen immer noch sehr hoch. Zudem ist Heroin eine sehr teure Droge, die stark abhängig macht, viele Süchtige tun fast alles, um an ihren Stoff zu gelangen.

Genau das nutzen einige Apotheker aus. Manche steuern sogar die stadtbekannten Orte an, wo sich Junkies aufhalten. Dort suchen sie nach HIV-Infizierten und bieten ihnen für ihre Rezepte etwas Bargeld. Welches Geschäft er damit abschließt, dürfte dem Apotheker klar sein: Er bekommt ein wertvolles Rezept. Und der Abhängige besorgt sich den nächsten Schuss.

Im hessischen Fall kamen die Machenschaften des Aids-Kartells nur ans Licht, weil einer der Profiteure selbst zur Polizei gegangen war. Nicht selten stoßen allerdings auch aufmerksame Ärzte auf solche Deals. So rief uns im Oktober 2007 eine Medizinerin aus Berlin an. Sie sagte, ihr komme das Verhalten eines HIV-Patienten seltsam vor. Dieser wollte zwar teure Aids-Präparate von ihr verschrieben haben. Er sei aber partout nicht bereit, den Namen des Arztes zu verraten, der ihn vorher behandelt habe. Sie habe den Verdacht, dass der Mann sich Aids-Rezepte von mehreren Ärzten beschaffe und diese dann verkaufe.

Wir untersuchten den Fall in unseren Datenbanken. Und tatsächlich: Der Patient besorgte sich Aids-Präparate von mindestens vier Medizinern. Doch es war schwierig, ihn selbst ausfindig zu machen. Mehrere Anschriften, die wir recherchierten, waren falsch, Anfragen bei Ämtern führten ins Leere. Einige Zeit später rief uns der Mitarbeiter einer unserer Außenstellen an und gab den entscheidenden Hinweis. Seit längerem wohne der Mann in einer Einrichtung für Drogenentzug im Berliner Osten. Er gab zu, sich 2007 mehrfach Rezepte von verschiedenen Ärzten beschafft zu haben, um sie an einen Apotheker in einem Berliner Nobelviertel zu verkaufen. Viel zahlte ihm der Pharmazeut nicht, 50 Euro erhielt er pro Rezept. Von diesem Geld besorgte er sich Heroin. Obwohl er uns versicherte, dies fortan nicht mehr zu tun, versuchte er bald schon wieder, sich illegal Aids-Medikamente zu organisieren. Wir erstatteten Strafanzeige gegen den Apotheker und auch gegen den Patienten.

Kontrolle mit Lücken

Die Kaltblütigkeit der Todeshändler ist erschreckend. Doch ihre Kollegen, die Rezepte fälschen oder manipulieren, sind kaum weniger skrupellos. Selbst wenn es sich im Einzelfall häufig um kleinere Beträge handelt, geht der Schaden insgesamt in die Millionen. Dieses Geld fehlt im System. Einzelne werden reich, alle anderen zahlen drauf.

Der Anreiz zum Betrug ist hoch. Bei den Krankenkassen gehen Unmengen an Rezepten ein, die nur schematisch nach bestimmten Kriterien geprüft werden können – allein mit der KKH-Allianz rechnen die Apotheker monatlich etwa eine Million Verordnungen ab. Im Jahr 2008 flossen insgesamt 656 Millionen Euro an die Pharmazeuten. Selbst dreiste Manipulationen – wie die rentablen handschriftlichen Ergänzungen des Thomas Beil – können bei dieser Vielzahl von Geldern und Rezepten nicht auffallen, zumal das Ausstellen und Ergänzen der Verordnungen per Hand durch den Arzt erlaubt ist. Und das wissen die Medikamentenverkäufer natürlich. Die mögliche Profitspanne ist dabei so enorm, dass sogar Börsenspekulanten neidisch werden könnten.

Ein gutes Beispiel ist der Fall von Bernd Spangenberg. Bis zu 500 Prozent Gewinn machte der Apotheker in manchen Monaten allein durch Betrug. Wie abgebrüht der Mann aus Baden-Württemberg dabei vorging, beschreiben die Tübinger Staatsanwälte in ihrer Anklageschrift: Für nur zwei Rezepte rechnete der 48-Jährige zum Beispiel die erstaunliche Summe von knapp 8700 Euro mit der Krankenkasse ab. Dabei waren die Verordnungen gerade mal 1400 Euro wert. Nur wenige Monate später verdiente er auf diese Weise sogar 8000 Euro auf einen Streich.

In über 180 Fällen soll Spangenberg betrogen haben. Nach den Erkenntnissen der Ermittler hat der Mann mindestens sieben Krankenkassen getäuscht und dabei so ziemlich das gesamte Repertoire der Rezeptmanipulation ausgeschöpft.

Er rechnete mit den Krankenkassen Medikamente ab, die teurer waren als jene, die der Arzt verschrieben hatte, und kassierte die Differenz. Den Kunden hatte er natürlich die günstigeren Arzneimittel gegeben. In anderen Fällen veränderte er auf den Rezepten die Angaben zur Packungsgröße oder zur Höhe der Dosis. Mehrfach tat er auch so, als habe er ein Medikament in einer höheren Stückzahl verkauft als tatsächlich geschehen.

Über drei Jahre hinweg, bis zum Winter 2005, verging kaum ein Monat, in dem der Apotheker die Krankenkassen nicht hintergangen hätte. Auch kleinere Summen ergaben am Ende einen schönen Batzen illegal verdienten Geldes. Allein unsere Krankenkasse verlangt von Bernd Spangenberg über 90 000 Euro zurück. Der Gesamtschaden für alle Versicherungen fällt weit höher aus. Bisher ist das Verfahren gegen den Apotheker noch nicht abgeschlossen.

Doch wie konnte Bernd Spangenberg in einem solchen Ausmaß betrügen, ohne aufzufallen? Wie die meisten anderen betrügerischen Apotheker nutzte er das Abrechnungssystem der Krankenkassen aus. Dieses beruht auf dem Vertrauensgrundsatz: Die Krankenversicherungen sollen darauf vertrauen können, dass Ärzte und Apotheker korrekt abrechnen. Denn die Rechnungen können nicht lückenlos geprüft werden. Um Kriminelle dennoch abzuschrecken, soll Betrug im Gegenzug so hart wie möglich bestraft werden. Aber auch dieser Anspruch wird kaum noch erfüllt, wie ich später zeigen werde.

Und viele kriminelle Geister schreckt die Drohung mit hohen Strafen keineswegs. Der Fall Bernd Spangenberg zeigt exemplarisch, warum es für Apotheker so leicht ist, Rezepte zu fälschen: Der behandelnde Arzt notiert auf dem Formular links oben die Angaben zur Person des Versicherten, wie Name, Anschrift und Geburtsdatum. Zugleich trägt er darunter die von ihm verordneten Präparate auf dem Blatt ein – per Computer oder auch mit der Hand. Rechts unten befindet sich der Arztstempel mit der Unterschrift des Arztes. Legt ein Versicherter das Rezept in der Apotheke vor, füllt der Pharmazeut nur noch das rechte obere Feld aus. Hierbei werden für die ausgehändigten Medikamente die entsprechenden Pharmazentralnummern aufgedruckt. Jede Arznei hat ihre eigene Nummer. Außerdem vermerkt der Apotheker die Menge der abgegebenen Medikamente und den Preis.

Genau an dieser Stelle beginnt meist der Betrug. Denn niemandem fällt auf, wenn ein Apotheker eine falsche Nummer einträgt. Natürlich die eines teureren Medikaments. Jeden Monat sendet der Pharmazeut seine Verordnungen an ein Apothekenrechenzentrum. Diese Unternehmen sind auf das Abrechnen der Verordnungen spezialisiert. Sie leiten die Rezepte an die Krankenkassen weiter, die bezahlen sollen.

Auch die Krankenkassen beschäftigen für das Abrechnen üblicherweise Dienstleistungsunternehmen, die die Rezepte einscannen und mit hierfür eigens entwickelten Computerprogrammen prüfen. Dies beschränkt sich aber auf einen Abgleich der vom Apotheker angegebenen Daten. So checken die Programme, ob die Pharmazentralnummer und der angegebene Preis des Medikaments zueinanderpassen. Ebenso prüfen sie systematisch auf deutliche Auffälligkeiten in den Abrechnungen. Ob aber die vom Arzt verordneten Medikamente mit der vom Apotheker angegebenen Pharmazentralnummer übereinstimmen, wird nicht abgeglichen. Auch die handschriftlichen Änderungen durch einen Betrüger fallen so nicht auf. Viele Apotheker nutzen diese Lücken im System. Deshalb gehören Betrugsfälle von Pharmazeuten in unserer Abteilung zum Alltag. Dabei sind die Schadenssummen im Einzelfall enorm. Von den insgesamt über 7200 Fällen, die wir seit 2001 bearbeiteten, listet unsere Datenbank 466 Taten unter dem Stichwort «Apotheke» auf. Allein im Jahr 2008 kamen 54 neue Fälle hinzu. Insgesamt steht dahinter ein Schaden von fast einer Million Euro einzig für die KKH-Allianz. Rechnet man dies anhand unseres Marktanteils von knapp 2,9 Prozent hoch, haben betrügerische Apotheker die Krankenkassen in den vergangenen Jahren womöglich um etwa 30 Millionen Euro geprellt.

Allerdings berücksichtigt diese Rechnung ausschließlich bekanntgewordene Fälle. Sowohl die Ermittler der Krankenkassen als auch die Staatsanwälte gehen von einer hohen Dunkelziffer aus. Wie hoch sie sein könnte, lässt sich nur schätzen. Selbst bei sehr gut aufgeklärten Verbrechen wie Mord oder Totschlag rechnen Wissenschaftler damit, dass jeder fünfte Fall der Polizei nie bekannt wird. Bei weniger schweren Straftaten wie Diebstahl oder Betrug kommen auf jedes erfasste Delikt drei bis fünf, die nicht bekannt wurden.[2]

Zudem haben wir Vergehen, an denen Apotheker beteiligt waren, in unserer Datenbank manchmal unter anderen Bezeichnungen registriert. Etwa wenn ein Arzt die Hauptfigur in einem betrügerischen Kartell ist. Deshalb bin ich davon überzeugt, dass die von uns aufgedeckten Taten nur die berühmte Spitze des Eisberges sind.

Es gehören Erfahrung und Fingerspitzengefühl dazu, die Fälle jeweils richtig einzuordnen. Wir unterscheiden deshalb sehr genau zwischen einem Anfangsverdacht auf eine Straftat und unbeabsichtigten Abrechnungsfehlern. Was unter Betrug zu verstehen ist, regelt das Strafgesetzbuch: Demnach betrügt jemand dann, wenn er sich oder eine andere Person durch gezieltes und vorsätzliches Täuschen bereichert. Aber das nachzuweisen ist gar nicht so einfach. Wenn die Betrüger zur Rede gestellt werden, hören wir immer wieder die gleichen Ausflüchte.

Beliebt ist die Mär von der selbständig denkenden EDV. In vielen deutschen Apotheken – aber auch in Arztpraxen und Krankenhäusern – sind offenkundig Computer am Werk, die beschlossen haben, fehlerhafte Abrechnungen zu produzieren. Jedenfalls können sich die Beschuldigten nicht vorstellen, wie die Unstimmigkeiten sonst zustande gekommen sein sollen.

Einige Politiker und Experten rufen immer häufiger nach einer Reform des wenig transparenten Abrechnungssystems. Es ist zweifellos die Schwachstelle des Gesundheitswesens, an dieser Stelle fügen Betrüger der Allgemeinheit immer wieder millionenfach Schaden zu. Umfangreichere Prüfungen würden gleichwohl sehr viel Geld kosten. Zunächst einmal müssten entweder die Krankenkassen oder deren Dienstleister mehr hochqualifiziertes und damit teures Personal einstellen. Hinzu kämen Kosten für zusätzliche Programme, die man regelmäßig aktualisieren müsste.

Dabei könnte mehr Kontrolle die kriminelle Energie der

Apotheker wirksam eindämmen. Denn hinter dem simplen Wort Abrechnungsbetrug verbirgt sich ein ganzes Arsenal krimineller Methoden. Wie viele Möglichkeiten es gibt, Rezepte zu manipulieren, haben die beiden Fälle aus Baden-Württemberg beispielhaft illustriert. Da werden Packungsgrößen verändert, Medikamente handschriftlich ergänzt, höhere Dosen angegeben als vom Arzt verordnet oder statt preiswerter Präparate weit teurere Arzneien mit ähnlich klingendem Namen abgerechnet. Dann gibt es Apotheker, welche die Sucht oder eine bestimmte schwere Krankheit ihrer Kunden ausnutzen und ihnen ihre Rezepte für ein bisschen Bargeld abkaufen. Und wieder andere rechnen Verordnungen für Medikamente ab, die kein Patient je zu Gesicht bekommen hat.

Selten handeln die Apotheker dabei allein. Um die Krankenkassen und deren Versicherte um ihr Geld zu bringen, suchen sie sich meistens willige Mittäter. Viele Ärzte und Patienten wollen von solchen Geschäften profitieren. So entsteht schnell ein Netzwerk, das in der Raffinesse seiner Methoden der organisierten Kriminalität in nichts nachsteht. In den meisten Fällen betrügen Apotheker dabei nicht aus persönlicher Not oder Sorge, wie es Thomas Beil zumindest am Anfang noch tat, sondern aus reinem Eigennutz und Profitgier. Dass andere darunter leiden müssen, wissen sie. Doch sie schieben den Gedanken daran einfach beiseite und reden sich ein, ihre Taten würden niemandem schaden. Oder es ist ihnen schlicht egal.

Das Geschäft mit der Luft

Ein weiteres Beispiel für den Ideenreichtum der Apothekenmafia sind die sogenannten Luftrezepte – die Königsdisziplin unter den Betrugsarten. Dabei verordnet ein Arzt einigen Patienten Tabletten, Tropfen oder andere Präparate. Diese Rezepte gibt er dann an einen Apotheker weiter, mit dem er nicht selten befreundet ist. Der Pharmazeut rechnet die scheinbar anfallenden Kosten bei den Krankenkassen ab, ohne dass die verschriebenen Arzneimittel jemals an Kunden abgegeben wurden. Die Patienten wissen gar nichts von den Medikamenten, die ihnen auf diese Weise verschrieben werden. Doch manchmal bekommt jemand Wind von den geheimen Absprachen und plaudert sie aus. So erwischte es auch ein Luftrezepte-Duo in Berlin.

Als Wolfgang Schmidt den Telefonhörer auf die Gabel legte, musste er erst einmal tief durchatmen. So etwas erlebte man im Landesamt für Arbeitsschutz nicht alle Tage. Der Anrufer hatte seinen Namen nicht nennen wollen und sich als der Wirtschaftsberater einer Apotheke im Berliner Bezirk Neukölln vorgestellt. Was der Mann über das Geschäft erzählte, war schwer zu glauben. Dessen Inhaber soll angeblich monatlich 80 000 Euro allein dadurch umgesetzt haben, dass er mehrere Krankenkassen in großem Stil betrog. Dabei arbeite der Apotheker mit einem Arzt zusammen, hatte der Unbekannte erzählt. Dieser stelle teure Luftrezepte aus, und der Pharmazeut komme regelmäßig vorbei, um sie einzusammeln. Manchmal erledigten dies auch Patienten des Arztes, die dafür mit dem Potenzmittel Viagra oder teuren Kosmetika belohnt würden.

Nun verlangte der Anrufer von Wolfgang Schmidt, dass er die Apotheke schließen lasse. Doch dieser war für Kriminalfälle gar nicht zuständig. Einige Tage später sandte der Informant noch 28 kopierte Rezepte, um seine Behauptungen zu untermauern. Da hatte Schmidt schon die Polizei angerufen.

Mit diesem Telefonat im September 2004 begann eine großangelegte Ermittlung, die über ein Jahr dauern sollte. Das Landeskriminalamt setzte die Spezialeinheit Medicus auf den Fall an. Bald fanden die Polizisten Hinweise darauf, dass der Apotheker Peter Trautmann rezeptpflichtige Medikamente an Drogensüchtige verkaufte. Nur handelte es sich dieses Mal nicht um das Beruhigungsmittel Rohypnol wie im hessischen Fall, sondern um Tilidin. Dieser Wirkstoff taucht in den Medien immer wieder als sogenannte Modedroge auf. Insbesondere Berliner Polizisten beklagen zunehmend, Jugendliche machten sich mit der Substanz unempfindlich für Angst und Schmerzen. Bei Prügeleien sind «Tilidiner» oft kaum zu stoppen, sie agieren äußerst aggressiv und brutal. Speziell bei Muslimen ist Tilidin beliebt, weil ihnen die Einnahme von Arzneien im Gegensatz zu Alkohol oder Cannabis nicht verboten ist. Dabei macht Tilidin ähnlich wie Morphium und Opium stark abhängig. Diesen gefährlichen Stoff soll Trautmann an Süchtige verkauft haben.

Und nicht nur er: Als die Polizei Abhängige verhörte, konnten diese auf Anhieb noch mindestens drei andere Apotheken und mehrere Ärzte in zwei weiteren Berliner Bezirken nennen, bei denen man den Stoff entweder ohne Rezept erhielt oder wo er auf Wunsch verschrieben wurde. Damit ·fördern diese Mediziner und Pharmazeuten einen gefährlichen Markt. Am Berliner Hermannplatz bringen die Dealer nicht nur Haschisch unters Volk. Für nur fünf Euro ist man Besitzer eines gefälschten Tilidin-Rezeptes. Den Tipp, bei welchen nicht ganz so strengen Apothekern man sie einlösen kann, gibt es häufig gratis dazu.

Bald wurde Strafanzeige gegen Trautmann gestellt, aber die Polizei ermittelte noch weiter. Denn inzwischen mehrten sich die Hinweise, dass der Apotheker und der Arzt Klaus Bernhard tatsächlich das große Geld mit Luftrezepten verdienten. Für mehrere Patienten des Mediziners hatte Trautmann teure Rezepte abgerechnet, diese kannten jedoch zumeist weder die Apotheke noch das Medikament. Außerdem stellte sich heraus, dass Trautmann große Mengen an Viagra geordert hatte, in manchen Monaten bestellte er blaue Tabletten im Wert von fast 30 000 Euro. Die Ermittler vermuteten, dass der Apotheker damit Patienten bezahlte, die größere Mengen an Luftrezepten bei ihm abgegeben hatten.

Eine Arzthelferin schilderte den Beamten, wie Trautmann regelmäßig in der Praxis erschien, um sich Rezepte ausstellen zu lassen. Auch ein anderer Mann käme des Öfteren aus dem gleichen Grund vorbei, erzählte die Frau weiter, wahrscheinlich trage er seine Rezepte ebenfalls zur Apotheke. Einmal habe sich das gesamte Personal der Praxis geweigert, für eine absurd lange Liste mit Medikamenten Verordnungen auszustellen. Daraufhin habe ihnen die Frau des Arztes gedroht, sie zu entlassen. Als das nichts half, füllte sie die Rezepte kurzerhand selbst aus. Ein anderes Mal lehnten es die Angestellten ab, einem Mann eine übergroße Packung Tabletten zu verschreiben. Dieser rief empört, er habe schließlich 500

Euro an den Doktor bezahlt. Etwa fünfzig Rezepte im Monat seien auf dubiose Weise abgerechnet worden, schätzte die Arzthelferin.

Am Ende konnten die Staatsanwälte dem Apotheker Peter Trautmann nachweisen, dass er die Krankenkassen mindestens vierzehnmal per Luftrezept betrogen hatte. Allein mit den bewiesenen Straftaten hatte er sich 155 000 Euro erschwindelt. Im Januar 2007 verurteilte ihn ein Berliner Gericht zu einer Freiheitsstrafe von zwei Jahren auf Bewährung. Außerdem darf er fünf Jahre lang nicht mehr als Apotheker arbeiten. Er lebt heute von Hartz IV, seine Apotheke musste er aus finanziellen Gründen verkaufen. Gegen den Arzt Klaus Bernhard wird dagegen noch ermittelt. Die Identität des anonymen Anrufers ist bis heute unbekannt. Es spricht aber vieles dafür, dass er ein Mitarbeiter des Apothekers war.

Es ist nicht leicht, Rezeptfälschern auf die Spur zu kommen: Denn es gibt meist nur zwei Beteiligte, den betrügerischen Apotheker und einen Arzt, der mit ihm zusammenarbeitet. Wenn beide vorsichtig zu Werke gehen und zum Beispiel darauf achten, keine Medikamente für einen bereits verstorbenen Patienten auszustellen, kann so ein Geschäft sehr lange oder sogar für immer unentdeckt bleiben. Oft spüren wir die Betrüger nur durch Zufall auf oder weil ein unzufriedener Mitarbeiter etwas ausplaudert wie im Berliner Fall.

Damit wir nicht allein auf Hinweise und den Leichtsinn der Täter angewiesen sind, haben auch wir unsere Ermittlungsmethoden verfeinert. So werten wir regelmäßig die Liste der TOP 25 aus, die unser Abrechnungsunternehmen jeden Monat erstellt. Diese Liste umfasst diejenigen Apotheken, die deutschlandweit die höchsten Kosten abrechnen, diejenigen Ärzte, welche die meisten und insgesamt die teuersten Verordnungen ausstellen, und diejenigen Versicherten, welche die meisten Ärzte aufsuchen und die höchsten Kosten verursachen. Für jede dieser Meldungen kann es plausible Gründe geben, und das ist auch bei über 90 Prozent der Fall. Wenn eine Apotheke zum Beispiel für die Abgabe von Zytostatika zugelassen ist, produziert sie allein deshalb enorm hohe, aber nachvollziehbare Kosten. Denn Krebsmedikamente machen nicht selten pro Rezept mehrere tausend Euro aus. Und ein Patient im Endstadium einer schweren Erkrankung wird oft noch viele Ärzte aufsuchen und verschiedene Medikamente ausprobieren, um vielleicht doch geheilt zu werden. Also muss jeder Einzelfall sorgfältig geprüft werden. Trotzdem kommen wir auf diese Weise immer wieder Betrügern auf die Spur.

Durch das Prüfen von Abrechnungen flog 2004 auch ein Trio aus zwei Apothekern und einem Arzt auf, das zwei Krankenkassen um etwa 1,6 Millionen Euro betrogen hat. Eine davon waren wir. Auch dieses Mal arbeiteten die Täter wieder mit Luftrezepten, und zwar für das extrem teure Medikament Recombinate 1000, welches Bluterkranken verschrieben wird. Ein damals 61-jähriger Arzt aus dem fränkischen Ort Ebersdorf hatte dieses Mittel Patienten verordnet, die es entweder gar nicht oder in viel niedrigeren Dosierungen brauchten. Ein Apotheker aus demselben Ort sowie sein Kollege aus dem sächsischen Nossen rechneten diese Scheinrezepte dann mit den Krankenkassen ab. Das funktionierte drei Jahre lang gut, dann platzte der Schwindel. Alle drei wurden wegen schweren gemeinschaftlichen Betrugs und Untreue in 160 Fällen angeklagt. Vor Gericht erklärte der Arzt, er habe erst nach dem plötzlichen Tod seines Kindes und dem Scheitern seiner Ehe mit den Betrügereien angefangen. Er habe keinen Sinn mehr darin gesehen, sich gesetzestreu zu verhalten, und nur noch gut leben wollen. Nicht einmal die Kredite für sein Haus hatte er von dem illegal erwirtschafteten Geld abbezahlt. «Ich habe alles verbraucht, schöne Reisen gemacht und alles verzockt», sagte der Mediziner den Richtern. Dafür bekam er auch die höchste Strafe der drei Angeklagten, er wurde zu vier Jahren und neun Monaten Haft verurteilt. Der Apotheker aus Franken erklärte, sinkende Umsätze und schiere Existenzangst hätten ihn getrieben. Er wurde zu zwei Jahren auf Bewährung verurteilt. Der dritte Betrüger hatte weniger Glück. Obwohl er bis zum Schluss bestritt, an dem Medikamenten-Deal beteiligt gewesen zu sein, wanderte er für knapp drei Jahre ins Gefängnis. Er wurde noch im Gericht verhaftet, weil der Richter eine Flucht befürchtete. In Handschellen führten Polizisten den weinenden Mann nach der Urteilsverkündung aus dem Saal.

Helfer im Netz

Angesichts der großen Zahl von Anbietern und Kunden im Gesundheitsmarkt sind wir auf die Mitarbeit von Menschen angewiesen, die uns Hinweise auf illegale Umtriebe geben. Dabei hilft uns seit Juni 2006 das sogenannte Business Keeper Monitoring System (BKMS), welches neben dem

Landeskriminalamt Niedersachsen viele große inländische Unternehmen und sogar eine afrikanische Regierung zur Korruptionsbekämpfung einsetzen. Jeder kann uns über einen Link auf unserer Internetseite Hinweise auf Verfehlungen geben – entweder namentlich oder anonym. Bisher ist das über einhundertdreißig Mal geschehen. Viele Hinweise ohne Absender bekommen wir natürlich auch auf anderem Wege – zum Beispiel per Brief. Der Vorteil des BKMS ist aber, dass sich die Hinweisgeber einen elektronischen Postkasten einrichten können. Wir haben so die Möglichkeit, weitere Fragen zu stellen. Des Öfteren werden derartige Hinweissysteme als Denunzianten-Hotlines diffamiert. Dabei ist das Gegenteil richtig: Gerade weil wir nachfragen und auch über längere Zeit mit dem Hinweisgeber kommunizieren können, bekommen wir sehr schnell heraus, ob an den Anschuldigungen etwas dran ist. Diese Möglichkeit hat man bei einem Brief nicht.

Anfang Oktober 2008 ging Meldung Nummer 78 über das BKMS ein. Es schrieb ein Anonymus, der angeblich im Auftrag einer Gruppe handelte. Vielleicht wollte er damit nur seine eigene Identität verschleiern. Jedenfalls behauptete er zunächst noch recht vage, er wisse von einem größeren Betrug in einem der neuen Bundesländer: Mehrere Ärzte, so der Tippgeber, arbeiteten mit einer Apotheke zusammen, indem Behandlungskosten und Medikamente abgerechnet werden, ohne dass eine Behandlung wie angegeben stattgefunden habe. Des Weiteren schrieb der Unbekannte, es sei für Rezepte abkassiert worden, obwohl die betreffenden Präparate niemals an die Apotheke geliefert worden seien. Dann wurde es konkret: «Wir könnten Ihnen Namen der missbrauchten Patienten und das ungefähre Datum des Betruges nennen.»

Wir waren elektrisiert. Dieser Tipp kam offensichtlich von einem Insider, der uns vielleicht wertvolle Daten liefern konnte, um ein Netzwerk von Betrügern aufzudecken. Laut seiner Mail hatte der Anonymus den verursachten Schaden auf bis zu 100 000 Euro geschätzt. Nach gut einer Woche lieferte der Unbekannte endlich die Namen und die Nummern der Versichertenkarten mehrerer Patienten. Ebenso eine Aufstellung der angeblich unrechtmäßig verordneten Präparate und das Datum, an dem diese mit der KKH-Allianz abgerechnet worden waren. Außerdem hatte uns der Tippgeber eine Liste von Ärzten mitgeschickt, welche in die Betrügereien angeblich verwickelt waren. Der letzte Satz der Mitteilung lautete: «Es ist ein Pharmavertreter, der die Deals einfädelt und die Rezepte überbringt.» Wir waren offenbar auf einen dicken Fisch gestoßen.

Zunächst werteten wir unsere Datenbank aus. Dort sind alle von den Apothekern mit uns abgerechneten Rezepte als Bilddatei gespeichert. Diese Sammlung können wir nach bestimmten Kriterien durchsuchen. Wenn wir einen konkreten Hinweis bekommen haben, erkennen wir rasch Unregelmäßigkeiten. In diesem Fall gab es einige Daten, die uns nicht stimmig erschienen. Daneben bereiteten wir eine Befragung der Versicherten vor, auf deren Namen die angeblichen Luftrezepte ausgestellt worden waren. Außerdem recherchierten wir in allen Unterlagen, die wir zu diesem Fall zusammentragen konnten. Und dann verschickten wir die Fragebögen.

Zwei Tage später riefen uns drei unserer Mitglieder an. Zwei von ihnen lassen sich von einem Arzt behandeln, der dem kriminellen Luftrezept-Kartell angehören könnte. Beide erklärten, sie hätten noch nie in der fraglichen Apotheke Rezepte eingelöst. Einige Medikamente, die ihnen angeblich verschrieben wurden, seien ihnen unbekannt. Derzeit ermitteln wir noch, einige Versicherte haben sich bisher nicht zurückgemeldet. Sobald das geschehen ist, werden wir Anzeige erstatten.

Kriminelles Potential bieten auch Versandapotheken. Denn es ist nicht nur vergleichsweise einfach, für fiktive Versandapotheken Internetseiten einzurichten. Sie sind auch schon öfter wegen des Handels mit gefälschten Arzneimitteln in die Schlagzeilen geraten – zumindest im Ausland.

Bei uns fielen sie jedoch bisher nicht nennenswert auf. Das mag zum einen daran liegen, dass es bei solchen Konzernen Formen illegaler Geschäftemacherei gibt, denen wir mit unseren Mitteln bisher schwer beikommen. Zum anderen sind Deals mit Scheinrezepten in diesem Milieu weit weniger wahrscheinlich: Zur kriminellen Kumpanei zwischen einem Pharmazeuten und einem Arzt gehört ein gewisses Maß an Vertrauen. Die Medikamentenhändler im Internet kennen die Mediziner dagegen meist gar nicht. So kann die notwendige persönliche Bindung erst gar nicht entstehen.

In einem Fall bekamen wir es allerdings mit Kriminellen zu tun, die mit einer Versandapotheke leichtes Geld verdienen wollten. Deren Rechnung lautete so: Ein Internetauftritt kostet wenig, der Kundenkreis ist praktisch unbegrenzt und die potenziellen Gewinne deshalb enorm.

Als der Apotheker Klaus Rönnfeldt an seinen Geldschwierigkeiten zu verzweifeln drohte, kamen zwei Männer in seinen Laden. Der jüngere stellte sich als Diplomkaufmann Marco Gebhardt vor, der ältere Herr war sein Vater. Beide boten dem klammen Pharmazeuten ein ertragreiches Geschäft an: Sie wollten sich im Dachgeschoss des Apothekenhauses einmieten und dort einen Versandhandel für Medikamente aufziehen. Im Internet würden sie die Präparate anbieten und sich von willigen Kunden die Rezepte schicken lassen. Dann könnte der Apotheker die Verordnungen bei den Krankenkassen abrechnen und einen Teil des Gewinns kassieren.

Allerdings hatte der Plan einen Haken: Die beiden erklärten ihrem künftigen Geschäftspartner, sie müssten leider die Gesetze ein wenig umgehen. Denn in Deutschland brauchen alle Apotheken eine behördliche Erlaubnis. Diese hatte das Gaunerduo nicht. Der klamme Apotheker stimmte dennoch zu, und bald boten Vater und Sohn ihre Dienste im Internet an.

Es war ein lukratives Zusatzgeschäft für beide Seiten. Früher hatten nur Menschen aus dem Viertel ihre Rezepte zu Klaus Rönnfeldt gebracht. Nun bestellte eine Frau aus Rosenheim ihre Tabletten gegen Bluthochdruck bei ihm, ein Mann aus Bonn ein Mittel für bessere Blutgerinnung. Für den Apotheker ein bequem verdientes Zubrot, denn die dubiose Versandapotheke unterm Dach stellte die verkauften Medikamente selbst zu. Nur tat sie das nicht gründlich genug.

Eine unserer Versicherten berichtete uns, sie habe im Internet zwar sehr teure Medikamente bestellt, aber niemals erhalten. Weil sie früher selbst in einer Apotheke gearbeitet hatte, verdächtigte sie die Versandhändler, mit unsauberen Methoden zu arbeiten. Wir begannen zu ermitteln. Die mit uns abrechnende Apotheke im Erdgeschoss war als Versandhandel nicht registriert, und von den beiden Herren im Dachgeschoss wussten wir noch nichts. Deshalb schrieben wir die Apotheke an. Die Antwort war einzigartig: Unser Schreiben sei «an Frechheit und Dummheit einfach nicht mehr zu überbieten», hieß es in dem Brief. Außerdem verlangte der Absender eine schriftliche Entschuldigung unseres zuständigen Mitarbeiters, sonst werde er diesen «Rotzlöffel» anzeigen.

Wir unterrichteten die Apothekerkammer. Dort kursierten bereits seltsame Gerüchte. Angeblich existiere die Apotheke gar nicht mehr. Wo sich der Verantwortliche aufhielt, könne niemand sagen. Nach diesen mysteriösen Andeutungen hörten wir erst einmal ein paar Monate nichts. Dann bekamen wir plötzlich mitgeteilt, dass die Staatsanwaltschaft Hamburg Marco Gebhardt angeklagt habe. In mehr als dreißig Fällen soll der 33-Jährige illegal mit Arzneimitteln gehandelt haben. Leider hatte die Behörde nicht bei uns nachgefragt, obwohl wir über hundert Mal betrogen wurden.

Wir forderten den selbsternannten Medizinhändler auf, Schadensersatz zu zahlen, doch er denkt bis heute nicht daran. Das ist besonders ärgerlich, weil sich solche Fälle leicht verhindern ließen. Jede Versandapotheke sollte sich auf einer öffentlich zugänglichen Liste registrieren müssen. Dadurch wüssten die Verbraucher jederzeit, welche Internethändler zugelassen und vertrauenswürdig sind. Und den Betrugsbekämpfern würde ihre Arbeit ebenfalls erleichtert. Gäbe es dieses Verzeichnis bereits, so hätten wir mit einem einzigen Blick feststellen können, dass die Apotheke keine zugelassene Versandapotheke war.

Im Vergleich zu anderen Betrügern im Gesundheitssystem werden Apotheker relativ häufig angeklagt und verurteilt. Dies mag zum einen an den hohen Schadenssummen liegen. Zum anderen handelt es sich oft um Straftaten, die gut in das Bild vom klassischen Betrug passen. Meist gibt es einen messbaren Schaden für die Krankenkassen. Anders als bei Korruptionstaten sind die Beweise zudem häufig eindeutig und die Beschuldigten leichter zu überführen. Für die staatlichen Ermittler gehören die meisten Delikte, durch die Apotheker auffallen, zum Tagesgeschäft. Ganz anders sieht es dagegen bei den Ärzten aus.

Zweites Kapitel

Betrüger in Weiß

Drogenhandel, Erpressung, Bandenwesen – würden wir diese zweifelhaften Einkunftsquellen mit unserem Arzt in Verbindung bringen? Vermutlich nicht, denn wir Deutschen vertrauen der Heilerzunft nahezu blind. Doch im deutschen Gesundheitswesen hat fast keine Berufsgruppe mehr Möglichkeiten zu betrügen als die Mediziner.

Und kaum jemand kommt so leicht davon. Überdurchschnittlich viele Verfahren gegen Ärzte werden vorzeitig eingestellt. Das hat mehrere Gründe: Zum einen tun sich die Strafverfolger aufgrund rechtlicher Besonderheiten schwer, Medizinern ihre Taten nachzuweisen. Zum andern können sich die Beschuldigten in der Regel gute Anwälte leisten; und sie sind imstande, hohe Beträge zu zahlen, um einer Anklage oder einer Verurteilung zu entgehen. Etwa im Rahmen von zwar legalen, aber problematischen Deals. Überdies verüben Ärzte oft komplexe Taten, die schwer aufzuklären sind – sie nutzen dafür ihr Insiderwissen und ihre besondere Stellung im Gesundheitssystem.

Dabei hilft ihnen der kaum durchschaubare Dschungel

des ärztlichen Abrechnungssystems. Vier Parteien mit jeweils eigenen Interessen sind daran beteiligt: die Patienten, die Krankenkassen, die Kassenärztlichen Vereinigungen und die Mediziner selbst. Hinzu kommen die unübersichtlichen Geldströme. Bis vor kurzem bezahlten die Krankenkassen an die Kassenärztlichen Vereinigungen eine sogenannte Kopfpauschale für jeden Versicherten. Das so entstandene Budget wurde dann nach einem komplizierten Schlüssel an die Ärzte des jeweiligen Bundeslandes verteilt. Einen Großteil ihrer Arbeit rechneten die Mediziner am Ende eines jeden Quartals auf der Grundlage variabler Fall- und Punktwerte mit der Kassenärztlichen Vereinigung ab. Seit 2009 zahlen die Krankenkassen zwar weiterhin einen festen Betrag pro Versichertem an die Kassenärztlichen Vereinigungen – die Vergütung der Mediziner erfolgt aber nicht mehr nach Fall- und Punktwerten, sondern nach festen Pauschalen. Das Abrechnungsverfahren der Ärzte bleibt dennoch komplex und entsprechend schwer zu prüfen.

In diesem Gewirr fällt es Betrügern leider allzu leicht, ihre dunklen Geschäfte zu treiben. Vielen Patienten kommt auch schlicht nicht in den Sinn, ihren Arzt zu hinterfragen. Dieses Vertrauen wirkt wie ein Mantel, der ehrliche und kriminelle Mediziner gleichermaßen einhüllt. In seinem Schutz lassen manche Ärzte sogar Tote wiederauferstehen.

Wolf Obermann war ratlos. Konnte sein Kollege tatsächlich so weit gegangen sein? Der Mediziner sah nach der Rückkehr aus dem Urlaub ein paar Unterlagen durch. Darin standen die Namen der Patienten, die sein Vertreter Werner Linke während seiner Abwesenheit angeblich behandelt hatte. An den Papieren war so weit alles in Ordnung. Diagnose und Therapie klangen schlüssig. Ein wichtiges Detail aber machte Obermann stutzig: Zwei der vermeintlich behandelten Kranken waren längst tot. Der Kollege Linke war hoch geachtet und hatte es sogar bis zum Bürgermeister gebracht. Sollte er derart dreist lügen? Bei der nächsten Gelegenheit sprach Obermann ihn an. Halb im Scherz dankte er ihm dafür, dass er sogar zwei Patienten besucht habe, die nicht mehr lebten. Der Kollege schien irritiert.

Schon länger verdächtigte Wolf Obermann den Partner, seinen Verdienst mit illegalen Geschäften aufzubessern. Seit einigen Monaten führten sie eine überörtliche Gemeinschaftspraxis – sie behandelten ihre Patienten an zwei verschiedenen Orten, rechneten aber gemeinsam ab. Doch immer wieder hatte es Streit gegeben. Zunächst über die Aufteilung des Honorars. Der Hausarzt Werner Linke wollte plötzlich mehr Geld als vertraglich vereinbart. Offenkundig schlug er die von seinem Praxispartner erbrachten Leistungen einfach seinem eigenen internen Konto zu.

Als Wolf Obermann dieses Treiben durchschaute, sah er sich die Abrechnungen genauer an. Erstaunlicherweise kamen kurz vor dem Ende eines Quartals regelmäßig bis zu vierzig Patienten in die Praxis des Kollegen. Für jeden Kranken rechnete dieser eine Behandlung bei den Krankenkassen ab und strich so zum Ende eines jeden Vierteljahres noch einmal eine hübsche Summe ein.

Warum aber sollten so viele Patienten am Quartalsende zum Arzt gehen und 10 Euro Praxisgebühr berappen, wenn sie mit Beginn des neuen Vierteljahres zwei Tage später erneut zahlen mussten? Zudem schrieb Werner Linke keine

Quittungen für diese Gebührenzahler, ebenfalls ein merkwürdiges Verhalten. Sein Kompagnon druckte sich die Namen aus und recherchierte auf eigene Faust. Er fand heraus, dass viele Patienten längst bei anderen Krankenkassen versichert waren als auf den Abrechnungen ausgewiesen. Seitdem beobachtete Obermann seinen Partner sehr genau. Er hatte nämlich eine Vermutung, warum am Ende des Quartals so viele Menschen zu Werner Linke in die Praxis kamen. Der Kollege besaß noch ein altes Lesegerät für Versichertenkarten. Diese kleinen Computer setzen Ärzte bei Hausbesuchen ein oder wenn sie Kranke im Pflegeheim behandeln. Die alten Apparate konnten die Abrechnungsdaten von Patienten dauerhaft speichern. Weil Mediziner diese Informationen leicht missbrauchen konnten, wurden die Apparate verboten – die neuen Geräte löschen die Daten nach dem Einspeisen ins Hauptmenü der Praxissoftware automatisch. Mit seinem alten Modell hätte der Kollege jedoch fleißig Karteileichen wiederbeleben können. Bald stellte sich heraus, dass Wolf Obermann mit diesem Verdacht ins Schwarze getroffen hatte.

Der Mediziner wollte seinen kriminellen Sozius schnell loswerden. Aber er wusste, dass sich die Ärztefunktionäre oftmals schwertun, gegen einen Standesgenossen vorzugehen. So brauchte er noch einen Beweis. In den getürkten Aufzeichnungen entdeckte Obermann den Namen einer Patientin, die von einem mit ihm befreundeten Arzt behandelt wurde. Er sprach seinen Freund darauf an. Dieser bestätigte, dass die kranke Frau schon lange bei ihm in Behandlung sei. Jetzt informierte Wolf Obermann die Kassenärztliche Vereinigung. Die erstattete Strafanzeige.

Die Ermittlungen förderten Haarsträubendes zutage. Als Bürgermeister war Werner Linke in seinem Ort bekannt und beliebt. Deshalb widersprach niemand, wenn der Mediziner mit seinem mobilen Gerät den Sportverein besuchte, die Anwesenden kurzerhand um ihre Versichertenkarten bat und diese einlas. Später fingierte er mit diesen Daten Therapiebilanzen, für die er kräftig abkassierte. Im Gegenzug spendierte er den Sportlern eine Runde Bier.

Wenn er in einem Notfall gerufen wurde, forderte er eine Gegenleistung der besonderen Art – er verlangte nicht nur die Karte des Behandelten, sondern gleich die der gesamten Familie. Ob bei Kopfschmerzen oder Bauchgrimmen, die Begründung war stets dieselbe: Um schnell gesund zu werden, brauche der Patient eine besonders hohe Dosis des jeweiligen Medikaments. Solche Mengen seien für einen einzelnen Menschen aber nicht zugelassen. Deshalb müsse es so aussehen, als würde die Arznei mehreren Kranken verschrieben. Verweigerte die Verwandtschaft die Herausgabe der Karten, drohte der Mediziner die Behandlung abzubrechen. Das war glatte Erpressung. Aber obwohl viele im Ort von den Machenschaften des Mediziners wussten, schwiegen fast alle.

Auch die drei Angestellten von Werner Linke gingen nicht zur Polizei – sie hatten Angst um ihren Job. Manchmal schüttete eine Mitarbeiterin Wolf Obermann ihr Herz aus, die Frau kümmerte sich um die Abrechnung in der Praxis. Ihr Chef setzte sie massiv unter Druck, damit sie seinen Betrug deckte. Als die Polizei sie später vernahm, bestätigte sie die üppigen Nebenverdienste per illegalem Lesegerät. Eine andere Angestellte hatte die Erpressung von Notfallpatienten sogar selbst erlebt: Das habe der Arzt schon früher so gehalten, als sie noch bei ihm Patientin gewesen sei. Ihr sei zwar aufgefallen, dass die gesamte Familie ihre Karten herausrücken musste. Sie habe sich aber nichts dabei gedacht. Auch die dritte Praxisangestellte packte schließlich aus. Wenn der Arzt Blutdrucktabletten oder Medikamente für seinen Sohn benötigt habe, so habe er diese Medikamente einem Patienten verschrieben, der häufig in der Praxis gewesen sei. Er habe dann sowohl das Rezept auf diesen Patienten ausgestellt als auch die entsprechenden Ziffern bei der Kassenärztlichen Vereinigung für diesen Patienten eingegeben. Wenn er sein eigenes Blut untersuchte, rechnete Werner Linke dies ebenfalls über seine Patienten ab, um Geld zu sparen. Alsbald durchsuchte die Staatsanwaltschaft Praxis und Wohnung des kriminellen Mediziners. Neben belastenden Unterlagen fand sie dort auch ein kleines illegales Waffenlager. Bald wurde der Mann angeklagt. Seit Anfang 2009 steht er vor Gericht.

Dieser Fall zeigt exemplarisch, wie manche Ärzte ihr Prestige und zugleich die Not der Patienten ausnutzen. Die haben Schmerzen, Angst um ihre Gesundheit oder gar ihr Leben und sind deshalb von der Arbeit ihres Heilers vollkommen abhängig. Außerdem kann allein der Mediziner abschätzen, was ihnen hilft. Es ist das Prinzip der angebotsinduzierten Nachfrage: Der Arzt ist in der äußerst günstigen Lage, dass er zugleich festlegen kann, was dem Kranken fehlt und was ihm hilft. Wer Angebot und Nachfrage derart kontrolliert, lässt sich leicht dazu verführen, in die eigene Tasche zu wirtschaften.

In mehr als einem Fünftel der über 1100 neuen Fälle, in

denen unser Team 2006 und 2007 ermittelte, waren Ärzte und Zahnärzte die Hauptverdächtigen. Damit bildeten sie die zweitgrößte Gruppe der Gesundheitskriminellen – übertroffen nur noch von den Physiotherapeuten.[1] Taten, bei denen Ärzte nur als Komplizen von betrügerischen Apothekern oder Masseuren auftraten, sind noch gar nicht mitgezählt. Die Wege zum illegalen Nebenverdienst sind dabei höchst unterschiedlich. Während manche Ärzte wie Werner Linke sich nicht scheuen, Menschen zu erpressen, gehen andere subtiler vor und machen ihre Patienten zu Komplizen.

Die Viagra-Connection

Wutentbrannt stürmt ein älterer Herr aus einer Apotheke. Er schimpft auf die Inhaberin, gestikuliert wild mit den Armen. Dabei wedelt er mit einem Blatt Papier – ein ärztliches Rezept, auf dem ein gelber Klebezettel pappt. Darauf steht mit Kugelschreiber geschrieben: «Viagra 100.» Kaum hat der Kunde den Laden verlassen, greift die Apothekerin zum Telefonhörer – sie wählt unsere Nummer und fängt an zu erzählen. Gerade sei ein Patient bei ihr erschienen mit einem Rezept für das Potenzmittel Caverject. Der Mann habe dieses Präparat aber gar nicht gewollt, sondern nach Viagra verlangt. Als sie die Herausgabe verweigerte, fing der Kunde an zu toben – er habe ein Recht auf die blauen Tabletten, sein Arzt habe sie ihm versprochen!

Die Apothekerin hat sich das Rezept gar nicht erst genauer anschauen müssen, um zu wissen, dass darauf jener ominöse Zettel klebte. Denn dies war in letzter Zeit häufiger vorgekommen.

Später meldete sich ein zweiter Apotheker und schilderte ähnliche Vorfälle: Die Kunden kämen mit Verordnungen über Caverject oder Prostavasin zu ihm, verlangten aber nach Viagra. Ein anderer Kunde brachte sogar eine Verpackung des in Deutschland noch gar nicht zugelassenen Potenzmittels Muse mit – er wollte für seine Prostavasin-Verordnung dieses Medikament bekommen und behauptete, das sei beim letzten Mal kein Problem gewesen. Der Apotheker ging nicht darauf ein und musste sich ebenfalls beschimpfen lassen. Die Rezepte waren sämtlich von Thomas Merkel ausgestellt worden, einem Urologen aus einer niedersächsischen Kleinstadt.

Die Ermittler der Krankenkassen fanden schnell heraus, dass fast alle Potenzmittelverordnungen des Doktor Merkel in ein und derselben Apotheke eingelöst wurden – sie befand sich passenderweise im gleichen Gebäude wie dessen Arztpraxis. Von diesem Apotheker erhielten die Krankenkassen allerdings keine Beschwerden. Es lag deshalb der Verdacht nahe, dass er mit dem Arzt gemeinsame Sache machte. Dieser schien Rezepte auf Prostavasin und Caverject auszuschreiben und dann jeweils den berüchtigten gelben Zettel anzuheften. In der Apotheke erhielten die Patienten dann Viagra. Offenbar hatten manche den Deal nicht richtig kapiert und waren in andere Apotheken spaziert, in denen das abgekartete Spiel nicht funktionierte.

Warum die Patienten Viagra haben wollten, lässt sich leicht erklären: Prostavasin und Caverject werden in Ampullen beziehungsweise Fertigspritzen geliefert. Sie müssen direkt in den Penis injiziert werden. Angesichts dieser schmerzhaften Prozedur wollten viele Patienten von Thomas Merkel aber lieber eine kleine blaue Pille einwerfen. Und Bequemlichkeit paarte sich in diesem Fall perfekt mit der Chance zur Abzocke. Zehn Fertigspritzen Caverject kosten derzeit knapp 185 Euro, fünfzehn Prostavasin-Ampullen etwa 370 Euro. Zwölf Viagra-Tabletten sind dagegen für rund 120 Euro zu haben. Überwiegend verordnete der Arzt Prostavasin, die Apotheker rechneten dies auch ab. Sie strichen also die Differenz zwischen dem teuren Präparat in der Ampulle und dem tatsächlich abgegebenen Viagra ein. Für die Patienten ein gefährliches Geschäft: Menschen mit Herz-Kreislauf-Problemen kann die Pille zur tödlichen Gefahr werden.

Als Viagra-Connection ging der Fall in die Akten ein. Er zeigt, wie leicht Ärzte ihre Schlüsselstellung im Gesundheitswesen ausnutzen können, um ein kriminelles Netzwerk aufzubauen. Zwar konnte das Gericht später nicht klären, ob der Mediziner direkt am Gewinn beteiligt war. Der stete Zustrom an Potenz-Patienten steigerte den Umsatz seiner Praxis allerdings enorm. Unter Rentnern galt der Mann als heißer Tipp.

Ebendieser große Erfolg wurde den Gaunern allerdings auch zum Verhängnis. Der stetig wachsende Kundenkreis ließ sich kaum noch kontrollieren. Mit jedem neuen Klienten stieg die Wahrscheinlichkeit, dass jemand alles ausplauderte. Nachdem bei der Staatsanwaltschaft eine Strafanzeige der Krankenkassen gegen den damals 45-jährigen Urologen einging, ermittelten die Polizisten mindestens 160 Patienten, die beim großen Erektionshandel mitgemacht haben sollen. Ob alle wussten, dass dies illegal ist, war bis zum Schluss nicht klar.

Warum werden Ärzte zu Betrügern? Auf den ersten Blick scheint die Antwort klar: Allen Berichten über Medizinermangel zum Trotz wurden in den vergangenen beiden Jahrzehnten immer mehr Praxen eröffnet.[2] Da liegt die Vermutung nahe, dass der Wettbewerb härter wird, die Gewinne schrumpfen und die Mediziner unter Druck geraten. Doch diese Erklärung ignoriert die Realität. Ärzte erhalten keineswegs weniger Geld als früher. Gaben die Krankenkassen 1999 noch 24 Milliarden Euro für die Honorare aus, waren es 2007 schon vier Milliarden mehr. Auf gut 206 000 Euro Umsatz jährlich bringt es ein Mediziner derzeit im Durchschnitt. Wenn er Privatpatienten therapiert, individuelle Gesundheitsleistungen verkauft oder am Hausarztmodell teilnimmt, kann er diese Summe noch um bis zu 30 Prozent steigern. Davon müssen natürlich noch die Angestellten, die Praxismiete und laufende Kosten bezahlt werden. Ein Radiologe kommt im Schnitt auf über 113 000 Euro Bruttoeinkommen, für einen Hausarzt bleiben pro Jahr durchschnittlich 83 000 Euro vor Steuern übrig. Mediziner müssten mit diesem Gehalt jedenfalls nicht zum Betrüger werden. Im Vergleich zu anderen freien Berufen gehören sie zu den Spitzenverdienern.[3]

Mehr Aufklärung über die Motive der Täter verspricht eine aktuelle Studie aus Hannover. Die Wissenschaftler untersuchten unter anderem, was kriminelle Hausärzte, Apotheker und Physiotherapeuten antreibt: Wachsender wirtschaftlicher Druck ist demnach nur ein Motiv unter vielen. Bedeutsamer sind ein schwach entwickeltes Unrechtsbewusstsein, weil es scheinbar keinen Schaden gibt, und die fehlende Angst vor Strafverfolgung, denn nur ein Bruchteil der Vergehen wird angezeigt und verurteilt. Mancher Mediziner fühlt sich zudem von den Krankenkassen oder seinen Patienten gegängelt, weil sie es zunehmend wagen, seine Arbeit zu kontrollieren. Zu guter Letzt haben viele den Eindruck, sie würden im Vergleich mit Kollegen oder anderen Berufen zu wenig verdienen. Wenn sich der Chefchirurg der Universitätsklinik oder der Anwalt von nebenan ein neues Segelboot leisten kann, dann will man selbst nicht zurückstehen. Die Betrüger sind überzeugt, dass sie sich nur das holen, was ihnen eigentlich zusteht.[4]

Eine der häufigsten Formen des Abrechnungsbetruges ist das Vortäuschen nicht erbrachter Leistungen, zum Beispiel Behandlungen, die nie durchgeführt wurden. Solche Taten kommen noch immer viel zu selten ans Licht. Im Rahmen eines gemeinsamen Projekts schickten die Kassenärztliche Vereinigung Niedersachsen und die KKH von 2003 bis 2005 Aufstellungen über ärztliche Leistungen an mehrere tausend Patienten. Diese sollten nachvollziehen können, welche Leistungen genau für sie abgerechnet wurden. Normalerweise muss ein Versicherter eine solche Liste eigens beantragen – in diesem Fall konnten die Angeschriebenen per Telefonhotline ein Feedback geben.

Gleich als Erster rief ein Patient an, dessen Internist laut Unterlagen eine Magenspiegelung vorgenommen haben soll. Der Mann erklärte, er kenne den Arzt überhaupt nicht. Daraufhin überprüften wir die Abrechnungsdaten von einigen angeblichen Patienten des Mediziners. Das Ergebnis: Knapp die Hälfte der Abrechnungen war offenkundig falsch. Entweder waren die Befragten nie oder zuletzt vor vielen Jahren bei diesem Internisten in Behandlung gewesen.

Als die Zahl der Vorwürfe immer größer wurde, erstatteten wir im Oktober 2004 gemeinsam mit der Kassenärztlichen Vereinigung Anzeige. Wenig später durchsuchte die Staatsanwaltschaft die Praxis. Es stellte sich schließlich heraus, dass der Internist seine Praxis offenbar verkaufen wollte. Weil sich deren Preis vor allem nach der Zahl der behandelten Patienten pro Quartal bemisst, hatte er wohl versucht, durch erfundene Behandlungen den Wert der Praxis zu steigern.

Die Staatsanwälte vereinbarten mit dem betrügerischen Arzt einen Deal: Dieser sollte die Falschabrechnungen einräumen, und die Behörde wollte im Gegenzug nur ein Drittel der über 600 abgerechneten Magenspiegelungen, 460 Darmspiegelungen und 1200 Ultraschalluntersuchungen als Schaden annehmen. Das waren etwa 10 000 Euro. Außerdem würde der Mediziner sich keinem öffentlichen Prozess stellen müssen, sondern mit einem Strafbefehl – also einem schriftlichen Urteil ohne Verhandlung – davonkommen. Das Gericht brummte dem Arzt eine Freiheitsstrafe von einem Jahr auf, setzte diese jedoch zur Bewährung aus. Zudem erteilten ihm die Richter die Auflage, den Schaden der Krankenkassen wiedergutzumachen. Zusätzlich musste der Internist 50 000 Euro Strafe zahlen. Er hatte außerdem zugesagt, seine kassenärztliche Zulassung zurückzugeben. Trotzdem betrieb er seine Praxis vorerst weiter, weil der Kaufvertrag wegen arglistiger Täuschung annulliert wurde.

Wenn Ärzte ihre Abrechnungen manipulieren, gehen sie nach einem ähnlichen Muster vor wie die Apotheker. Sie fälschen Zahlen. Viermal im Jahr sendet der Arzt seiner regionalen Kassenärztlichen Vereinigung eine Abrechnung der vergangenen drei Monate. Dabei codiert er seine Arbeit mit fcstgelegten Ziffern. Zum Beispiel steht aktuell die Nummer 03111 für den Kontakt eines Hausarztes mit einem Patienten zwischen dem sechsten und 59. Lebensjahr. Schreibt ein Mediziner dagegen die Nummer 03321 auf, hat er den Herzschlag eines Menschen in einem sogenannten Belastungs-EKG untersucht.

Fügt der Mediziner an der einen oder anderen Stelle eine Nummer hinzu, hat er gute Chancen, unentdeckt zu bleiben. Denn so wie die Krankenkassen die von den Apothekern eingereichten Verordnungen nur nach bestimmten Kriterien prüfen, sind auch die Kassenärztlichen Vereinigungen allein wegen des Umfangs der Abrechnungen nur zu begrenzten Checks in der Lage. Zum Beispiel sind einigen Ziffern Richtzeiten zugeordnet. Für ein langes therapeutisches Gespräch mit Suchtkranken werden beispielsweise über 30 Minuten veranschlagt. Die Kassenärztliche Vereinigung prüft unter anderem, ob eine Behandlung so oft auftaucht, dass der Mediziner diese Arbeit unmöglich im normalen Tagesablauf unterbringen kann. Sie kontrolliert ebenfalls, ob die Diagnose für einen Patienten und dessen Behandlung zusammenpassen. Jedoch ist dies nur stichprobenartig möglich, deshalb bieten sich noch immer genügend Lücken.

Therapie: Verfahren einstellen

Der Einstieg ins Betrugsgeschäft ist für viele Ärzte das Schummeln beim sogenannten Sprechstundenbedarf. So heißt im Fachjargon das Material, welches der Arzt in seiner Praxis bei der Behandlung seiner Patienten regelmäßig verbraucht. Das klassische Beispiel dafür sind Verbandmull und Wundpflaster. Außerdem zählen die Medikamente dazu, die er für Notfälle vorrätig haben muss. Für diesen Posten stellt der Arzt ein besonderes Rezept aus – statt den Namen eines Patienten einzutragen, schreibt er Sprechstundenbedarf oder kurz SSB auf die Verordnung. Dann löst er sie in einer Apotheke ein, die das Rezept mit den Krankenkassen abrechnet. Große Beträge dürften dabei eigentlich nicht zusammenkommen. Als Faustregel gelten maximal fünf Euro pro behandeltem Patienten in einem Quartal.

53 000 Euro in drei Monaten sind jedenfalls eindeutig zu viel. Von Juli bis September 2001 ergaunerte Frank Schächter genau diese Summe – damals noch in Deutscher Mark. Die Dimensionen dieses Betrugs erschließen sich erst, wenn man weiß, dass der Arzt aus Frankfurt am Main gerade mal zwischen acht und 22 Kassenpatienten behandelt hat. Etwa 60 bis 70 Euro im Quartal für Sprechstundenbedarf wären normal gewesen.

Dabei war das dritte Quartal 2001 nur das ertragreichste. Mindestens ein Jahr lang hatte der Mann die Krankenkassen zu dieser Zeit bereits nach Strich und Faden belogen. Im Sommer zuvor fing er noch bescheiden an und verordnete sich selbst einen Sprechstundenbedarf von knapp 750 Euro. Schon im Winter desselben Jahres reichte er ein Rezept über 36 000 Euro bei der Apotheke ein. Auf diese Weise zockte Frank Schächter in einem Jahr etwa 170 000 Euro ab.

Dabei war er auf die Hilfe eines Apothekers angewiesen – schließlich rechnet dieser die Rezepte mit den Krankenkassen ab. Deshalb verdächtigte die Staatsanwaltschaft später sowohl den Mediziner als auch den Apothekenbesitzer Klaus

Umbach der kriminellen Zusammenarbeit. Nach ihrer Überzeugung teilten sich Arzt und Pharmazeut das ausgezahlte Geld der Krankenkassen. Es soll sich überwiegend um Luftrezepte gehandelt haben, nur ein Bruchteil des verordneten und abgerechneten Sprechstundenbedarfs sei von dem Apotheker tatsächlich geliefert worden.

Wenn Mediziner merken, dass sie mit kleinen Mogeleien durchkommen, wenden sie sich oft größeren Deals zu. Eine solche Karriere illustriert der Fall des Frank Schächter geradezu beispielhaft. Wagte er anfänglich nur, um ein paar hundert Euro beim Sprechstundenbedarf zu betrügen, wurde der 53-Jährige schnell maßlos. Für das Betrügerduo lohnte sich das Geschäft. Bei einer Hausdurchsuchung wurden sieben Nobelkarossen entdeckt. Frank Schächter hatte sein Geld offenkundig für ein luxuriöses Anwesen ausgegeben. Als Polizisten die Villa durchsuchten, stießen sie unter anderem auf Bankunterlagen, die auf dubiose Konten hinwiesen. Die Ermittler vermuteten, dass das erschlichene Geld dort deponiert worden sein könnte. Außerdem hatte sich der Mediziner zu Hause eine kleine Praxis eingerichtet, in der er wahrscheinlich Privatpatienten behandelte. Bis heute ist es der Staatsanwaltschaft nicht gelungen, die Verdächtigen zu überführen. Inzwischen sieht es sogar so aus, als würde das Verfahren eingestellt.

Auf diese Weise enden Ermittlungen gegen Mediziner leider viel zu oft. Und selbst wenn sie erwischt werden, müssen sie meist kaum Konsequenzen fürchten. Eine Studie der Universität Hannover hat gezeigt, dass die «Leistungserbringer» des Gesundheitswesens deutlich weniger oft angeklagt und verurteilt werden als betrügerische Versicherte. Die

Staatsanwaltschaften hatten in mindestens 40 Prozent der untersuchten Fälle besondere Schwierigkeiten bei der Aufklärung, weil die Taten sehr komplex waren. In mehr als der Hälfte solcher Fälle stellten sie die Verfahren wegen angeblicher Geringfügigkeit ein.[5] Insgesamt sind die Einstellungsquoten weitaus höher und dürften – wie generell im Bereich der Wirtschaftskriminalität – bei über 90 Prozent liegen. Bei Ärzten geben die Strafverfolger besonders gern auf. Nicht zuletzt, weil sie sich gute Anwälte leisten können. Staatsanwälte mögen sich zudem selten auf zeitraubende und sperrige Verfahren einlassen, deren Ausgänge oft unsicher sind. Und Richter halten es kaum anders.

Man muss sich über die Folgen nicht wundern. Allein im ersten Jahr des geschilderten Projektes mit der Kassenärztlichen Vereinigung Niedersachsen meldeten sich etliche Versicherte, die über deutliche Unregelmäßigkeiten berichteten. Ein Großteil der auf unsere Strafanzeigen eingeleiteten Ermittlungsverfahren wurde jedoch eingestellt. Neben dem erwähnten Internisten wurde nur ein einziger weiterer Arzt, der ebenfalls nie erbrachte Behandlungen abrechnete, nennenswert belangt. Er erhielt einen Strafbefehl in geringer Höhe. Der Grund für diese milde Bestrafung war so wenig nachvollziehbar wie simpel. Die Staatsanwaltschaft hatte gegen den Mediziner nur aufgrund der von uns erhobenen Vorwürfe ermittelt und nicht auch noch die Abrechnungsdaten anderer Krankenkassen herangezogen. Dabei spricht alle Erfahrung dafür, dass Ärzte nie nur eine einzige Versicherung betrügen.

Ein gutes Beispiel für Straftaten, die der Justiz schnell zu kompliziert werden, sind die Tricksereien bei den sogenannten Präventionsleistungen. Dazu zählen vor allem die Krebsvorsorge und die Gesundheitsuntersuchung, auch Check-up genannt. Sie dürfen aufgrund gesetzlicher Bestimmungen nur in bestimmten Zeitintervallen vorgenommen und abgerechnet werden. Es macht medizinisch wenig Sinn, sich alle paar Monate vorsorglich auf Krebs untersuchen zu lassen. Deshalb haben gesetzlich Krankenversicherte nach ihrem 35. Geburtstag jedes zweite Jahr Anspruch auf einen Check-up zur Früherkennung von Krankheiten. Bei Vorsorgeuntersuchungen für Krebs sind die Zeiträume etwas kürzer: Frauen ab dem 20. Lebensjahr und Männer ab dem 45. Lebensjahr dürfen einmal jährlich deswegen einen Mediziner aufsuchen.

Ende 2007 ermittelte ich in diversen Fällen aus Baden-Württemberg, bei denen Ärzte Präventionsleistungen häufiger abrechneten als erlaubt. Diese Behandlungen werden von den Krankenkassen außerhalb des Budgets vergütet. Während wir im Südwesten der Republik noch nachforschten, begannen wir unsere Unterlagen zur ärztlichen Vorsorge bundesweit zu durchforsten. Und siehe da, quer durchs Land wurde fleißig betrogen. Neben Baden-Württemberg war die Zahl der auffälligen Ärzte in Bayern, Hessen, Niedersachsen und Berlin am höchsten. In manchen Bundesländern wurden vor allem die Check-ups zu häufig abgerechnet, in anderen fast ausschließlich die Krebsvorsorge für Frauen. Diese rechneten nicht wenige Mediziner regelmäßig zweimal im Jahr ab, manche sogar viermal. Der alle zwei Jahre vorgesehene Gesundheitscheck tauchte derweil jährlich, gelegentlich auch mehrfach pro Jahr in den Abrechnungen auf. Bezogen auf das gesamte Gesundheitssystem, gehen die Schäden vermutlich in die Millionen. Allein in Baden-Württemberg flossen über 1,2 Millionen Euro an die Krankenkassen zurück.

Als wir gegen etwa zweihundert der verdächtigen Ärzte bundesweit Strafanzeigen erstattet hatten, erlebten wir ein blaues Wunder. Zwar agierten viele Staatsanwaltschaften gewohnt professionell und verlangten von den Kassenärztlichen Vereinigungen zügig alle notwendigen Daten. Doch etliche Behörden stellten die Verfahren einfach ein, oft ohne uns vorher anzuhören. Angeblich lag kein hinreichender Tatverdacht vor. Manche Strafverfolger kamen sogar auf die Idee, bei den Kassenärztlichen Vereinigungen nachzufragen, ob das angezeigte Verhalten strafbar sei. Die Antwort war nicht überraschend. Und schnell waren die Verfahren zu Ende.

Andere Staatsanwaltschaften machten sich immerhin noch die Mühe, die beschuldigten Ärzte zu befragen. Dabei wurden erstaunliche Erklärungen präsentiert. Zumeist soll die Praxis-Software schuld gewesen sein – sie habe nicht auf frühere Untersuchungen hingewiesen, gaben die Mediziner an. Manchmal musste auch ein Wechsel der Software als Entschuldigung herhalten. Die Staatsanwälte hielten es jedoch für unnötig, dies zu prüfen. Lieber schlossen sie einen Vorsatz aus und beendeten die Ermittlungen.

Die Strafverfolger hätten sich nur eine simple Frage stellen können: Wie hat es die Mehrzahl der Ärzte eigentlich geschafft, korrekt abzurechnen? Wann ein Patient einen Termin für die Krebsvorsorge erhält, legt immer noch der Mediziner fest. Darf er die Vorsorge nur einmal pro Jahr abrechnen, wird er sie schon aus ökonomischen Gründen nicht häufiger durchführen. Es sei denn, er will betrügen. Die meisten Ärzte bestellten ihre Patienten regelmäßig in viel zu kurzen Abständen zur Vorsorge in die Praxis. Um dem Ganzen einen legalen Anstrich zu geben, nannten die Mediziner ihr kleines Schauspiel dann «Routineuntersuchung».

Die Entschuldigungen der Ärzte für zu häufig durchgeführte Gesundheitschecks waren noch abenteuerlicher. Eigentlich sind der Gesetzestext und die betreffende Richtlinie unzweideutig. Danach haben die Versicherten jedes zweite Jahr Anspruch auf eine solche Untersuchung. Der zweite Satz der Richtlinie erläutert, dass zwischen dem ersten Checkup und dem folgenden ein volles Kalenderjahr liegen muss. Wenn ein Mediziner also 2005 das erste Mal vorsorgend untersucht, muss er mit dem nächsten Termin bis 2007 warten. Man sollte meinen, dass Ärzte nach jahrelangem Studium diese Zusammenhänge entschlüsseln können.

Deren Strafverteidiger sehen das anders. An dieser Stelle sei nur einer von ihnen zitiert, mit derselben Masche versuchten es aber auch andere seiner Zunftgenossen. Damit sein Mandant ohne Strafe davonkam, machte der Anwalt ihn zu einem Trottel: «Soweit man diesen Text aus Sicht eines Arztes liest und seine Erkenntnisse nur auf Satz 1 stützt, kann man durchaus zu der Auffassung gelangen, dass zwischen jeder Vorsorgeuntersuchung ein Jahr, das heißt 365 Tage liegen müssen», heißt es in einem Schreiben des Verteidigers. Und weiter: «Die korrekte Auslegung erschließt sich erst über den Einbezug von Satz 2, der ein volles Kalenderjahr als Mindestzwischenraum definiert.» Es mag erstaunen, dass es einem Arzt nicht mehr zugemutet werden kann, zwei aufeinanderfolgende Sätze zu lesen und zu verstehen. Aber es kam noch besser. Im Anschluss an seine Ausführungen fragte der Anwalt treuherzig: «Wie soll ein Arzt derart feinsinnige juristische Differenzierungen verstehen können?» Der Höhepunkt dieser Komödie war die Reaktion des Staatsanwalts: Nach Lektüre des fünfseitigen Anwaltsschreibens stellte der nämlich den Vorsatz des Arztes ernsthaft in Frage – und das Verfahren kurzerhand ein.

Eine andere Ausrede, welche Apotheker wie Mediziner gern gebrauchen, ist der erwähnte Wasserschaden. Des Öfteren war unseren Ermittlern ein Gynäkologe durch das Abrechnen nicht erbrachter Leistungen aufgefallen – er favorisierte vorgetäuschte Ultraschalluntersuchungen. Schon einmal hatten wir ihn deshalb angezeigt. Später fanden wir auch noch heraus, dass der Mann allein bei der KKH auch die Krebsvorsorge achtzehnmal zu häufig abgerechnet hatte. Mehrere von uns befragte Patientinnen erklärten sogar, der Frauenarzt habe sie nie untersucht.

Dennoch stellte die Staatsanwaltschaft die Verfahren Ende 2008 erneut ein. Der Mediziner hatte angegeben, er habe die in Rede stehenden Sonografien zwar vorgenommen – leider seien die Bilder jedoch einem Wasserschaden zum Opfer gefallen. Obwohl derartige Schäden gewöhnlich einer Versicherung gemeldet oder zumindest irgendwie behoben werden, überprüfte die Staatsanwaltschaft die Angaben nicht. Bei den Krebsvorsorgeuntersuchungen vertraten die Strafverfolger die Ansicht, der Gynäkologe habe nicht vorsätzlich gehandelt. Wenigstens führte unsere Beschwerde dazu, dass weiter ermittelt wurde. Denn wichtig ist: Wenn ein Arzt immer nur die falsch abgerechneten Beträge erstatten muss und sonst nichts zu befürchten hat, wird ihn auch künftig nichts davon abhalten, weiterhin die Abrechnungen zu frisieren.

Dass die Justiz ihren Aufgaben allzu häufig nicht gerecht wird, liegt neben mangelndem Wissen auch an der fehlenden Bereitschaft vieler Richter und Staatsanwälte, nachhaltig gegen die Gesundheitsbetrüger vorzugehen. Dazu mag die heillose Überlastung der Justizbehörden beitragen, die umfangreiche Ermittlungen erschweren. Oft aber kennen Richter oder Staatsanwälte die höchstrichterliche Rechtsprechung nicht oder wollen sie nicht anwenden. Wenn sie es ablehnen, einen Arzt wegen zu oft abgerechneter Vorsorge zu verfolgen, begründen sie das nicht selten damit, dass der Mediziner seine Arbeit ja schließlich gemacht habe – nur eben zu häufig. Man könne ihn deshalb nicht wegen Betruges belangen. Allerdings sehen dies Bundessozialgericht und Bundesgerichtshof ganz anders – diese beiden höchsten Gerichte haben entschieden, dass eine ganz oder teilweise den formalen Anforderungen nicht entsprechende Leistung insgesamt als nicht erbracht gilt, was zur Folge hat, dass der Vergütungsanspruch entfällt. Wird die Leistung dennoch abgerechnet, begeht der Arzt einen Betrug. Weil er die Behandlung durchgeführt hat, kann er jedoch mit einer milderen Strafe rechnen.

Das Geschäft mit der Sucht

Grundsätzlich müssen Ärzte die Arbeit, die sie später abrechnen, selbst verrichten. Nur weniges dürfen sie an ihr Personal delegieren. Handeln sie dem zuwider, steht ihnen dafür kein Geld zu, auch wenn das Personal einwandfrei gearbeitet hat. Schließlich wollen Patienten von jemandem behandelt werden, der entsprechend qualifiziert ist. Dennoch verstoßen Ärzte immer wieder gegen ihre Pflichten. Sehr häufig geschieht dies bei Patienten, die so sehr von ihrem Mediziner oder einem Medikament abhängig sind, dass sie gegen die Behandlung nicht aufbegehren. Die Rede ist von Drogensüchtigen.

Man stelle sich diesen untadeligen Mediziner vor: Er kümmert sich intensiv um Heroinabhängige – Patienten, die oftmals laut werden, ungepflegt sind und häufig nicht sonderlich gut riechen. Er ist der einzige Psychiater weit und breit, der seine Praxis komplett auf eine Klientel ausgerichtet hat, die andere Mediziner nicht einmal in ihre Nähe lassen würden. Doch unser Arzt spricht mit ihnen, fragt verständnisvoll nach ihren Problemen und danach, wie sie mit ihrer Therapie zurechtkommen. Er arbeitet von frühmorgens bis spätabends und an den Wochenenden. Wenn alles stimmt, was dieser Arzt abrechnet, dann arbeitet er durchschnittlich sechzehn Stunden am Tag allein mit Drogenabhängigen. Falls er darüber hinaus noch den einen oder anderen Privatpatienten behandelt, wird die Zeit schon knapp.

Leider gibt es diesen vorbildlichen Arzt nicht. Ein niedersächsischer Mediziner hatte den Zeitaufwand für seine Patienten auf dem Papier gewaltig erhöht, um mehr Geld zu verdienen. Das brauchte er auch, denn Banken und mehrere Gläubiger saßen ihm im Nacken.

In diesem Fall hatte der Arzt der Kassenärztlichen Vereinigung zu viel Geld abgeknöpft, indem er vorgab, einer großen Zahl von Suchtkranken nicht nur Methadon zu geben, sondern sie auch intensiv psychologisch zu betreuen. Zeitlich wäre dies kaum zu schaffen gewesen, und als man ihm auf den Zahn fühlte, stellten sich seine Abrechnungen als falsch heraus. Meist war es nicht der Mediziner, der sich um seine Patienten kümmerte, sondern ungelerntes Personal. Dabei ist es selbst für gut ausgebildete Psychiater schwer genug, Süchtige zu therapieren. Diese heikle Aufgabe einfach an irgendjemanden zu delegieren ist in höchstem Maße unverantwortlich. Weil seine Patienten ihr Suchtmittel brauchten, ließen sie so mit sich umspringen. Vielen mag es zudem egal gewesen sein, weil sie in erster Linie das Methadon wollten. In jedem Fall ist klar: Allein der Arzt trägt die Verantwortung für die Therapie. Die Betreuer rekrutierte der Mann hauptsächlich aus dem Kreis ehemaliger Abhängiger. Ein Angestellter sagte später aus, der Psychiater habe seine Beschäftigten für wenig Geld arbeiten lassen. Seinen kriminell erworbenen Gewinn finanzierten letztlich die Beitragszahler.

Und die bezahlen gerade in der Suchttherapie auffällig oft Mediziner mit zweifelhaftem Berufsethos. Denn obwohl die Zahl der Methadon-Patienten in den vergangenen Jahren rapide angestiegen ist, verspüren gerade gut ausgebildete Ärzte wenig Lust auf diese Klientel. Sie fürchten, dass ihnen andere Patienten wegbleiben. Reichtümer kann man mit solchen Behandlungen ohnehin nicht anhäufen. Gewiss werden die Therapien vergleichsweise gut honoriert, aber dieses Geld lässt sich einfacher verdienen. Spezialisten wie Nervenärzte oder Psychotherapeuten scheuen ebenfalls vor Kunden zurück, bei denen die Therapie oft schon von vornherein aussichtslos erscheint. Denn viele der etwa 65 000 Methadon-Patienten in Deutschland werden ihre Sucht niemals überwinden. Zwar geht die Zahl der Drogentoten zurück, und so manchem Abhängigen ermöglicht die Ersatzdroge ein fast normales Leben mit Arbeit und Familie. Doch gerade gute und erfolgsgewöhnte Ärzte verbuchen dies nicht als Sieg. Außerdem kommt es manchmal vor, dass Abhängige Mediziner und deren Personal bedrohen, um an ihren Stoff zu kommen. Vielleicht entsteht deshalb der Eindruck, das Geschäft mit der Drogentherapie würde oft von Ärzten erledigt, die selbst mit Schwierigkeiten zu kämpfen haben. Dass der sensible Job gerade für Mediziner mit Geldproblemen attraktiv ist, verschärft diese Tendenz noch. Wer seine Praxis nur für Fixer betreibt, der muss weder renovieren noch die Ausstattung erneuern. Die Patienten kommen auf jeden Fall. Einige Drogenärzte verstehen sich zudem mehr als Freunde der Süchtigen denn als Heiler. Welche fatalen Folgen dies haben kann, illustriert ein weiterer Fall aus Niedersachsen.

Als die Sache mit dem Banküberfall passierte, war dem Arzt Malte Kreutzthal klar, dass er dieses Mal wirklich in der Klemme steckte. Angeblich hatte ihn eine Überwachungskamera im Vorraum einer Bank gefilmt, als diese gerade ausgeraubt wurde. Polizisten wollten ihn auf den Bildern als Täter erkannt haben. Kurz darauf saß der 59-Jährige in der Justizvollzugsanstalt Hannover in Untersuchungshaft.

Schon vorher war einiges in seinem Leben schiefgelaufen. Seit eineinhalb Jahren lag seine Frau mit Hirnblutungen im Koma in einem Pflegeheim. Kurz davor hatten sich die beiden eigentlich scheiden lassen wollen. Dazu kamen Geldprobleme. Der Gerichtsvollzieher drohte mit Vollstreckung – es war nicht sicher, ob und wie lange er seine Praxis und seine

Wohnung noch behalten würde. Wegen früherer Verfehlungen zahlte ihm die Kassenärztliche Vereinigung nicht mehr das volle Honorar.

Seit er sich 1979 als Arzt niedergelassen hatte, war ihm nicht so viel Unglück auf einmal widerfahren. Und als reichte das noch nicht, jagten seit Anfang des Jahres die Krankenkassen hinter ihm her. Als ihm der Staatsanwalt die Liste der Beschuldigungen vortrug, da hatte Kreutzthal genug. Er wollte gestehen.

Er gab unumwunden zu, seinen Patienten seit zehn Jahren L-Polamidon zu verabreichen, obwohl mit diesen Tropfen eigentlich nur starke Schmerzen behandelt werden dürfen. Für die Therapie von Suchtkranken ist dieses äußerst wirksame Mittel nur in seltenen Fällen zugelassen. Um die Krankenkassen zu täuschen, schrieb der Arzt auf die Rezepte nicht das übliche «S» für Substitution und gab auf diese Weise vor, das Medikament als Schmerzmittel zu verabreichen. Auch die Ausgabe an die Patienten verlief abenteuerlich: Die ungelernte Praxishelferin füllte die Tropfen aus den braunen 20-Milliliter-Glasflaschen des Herstellers in größere Plastikflaschen und gab den Süchtigen oft komplette Wochenrationen mit nach Hause. Ihr Chef war nie dabei, rechnete mit den Krankenkassen aber einen «unmittelbaren Arztkontakt» ab. Dabei sind Suchtärzte dazu verpflichtet, den Patienten ihre Dosis persönlich zu verabreichen und sie möglichst täglich zu sehen – nur durch regelmäßigen Kontakt erkennen Mediziner, ob Heroinsüchtige weiterhin an der Nadel hängen.

Diesem Zweck dienen auch regelmäßige Kontrollen des Urins. Falls die Suchtkranken weiter drücken und die Ersatzdroge nur nebenbei nehmen, müssen die Ärzte die sinnlose Substitution abbrechen. Nur in Ausnahmefällen darf der Mediziner dem Heroinsüchtigen dessen Ersatzdroge mitgeben. Malte Kreutzthal muss das gewusst haben. Doch Verantwortungsgefühl zählte nicht zu seinen Stärken. Nach Aussagen von Patienten prüfte der Arzt den Urin äußerst selten. Mehr noch, er mischte das Polamidon vor der Abgabe nicht einmal mit Sirup oder Honig – dabei müssen flüssige Ersatzdrogen verdickt werden, damit sie ausschließlich geschluckt werden können. Bei reinem L-Polamidon besteht sonst die Gefahr, dass sich die Patienten dies spritzen. Das würde ihnen einen ähnlichen Kick wie Heroin geben.

Mit seinem eklatanten Leichtsinn gefährdete Malte Kreutzthal die Gesundheit seiner Patienten. Denn die Abhängigkeit von Heroin ist derart stark, dass Süchtige keiner Versuchung ausgesetzt werden dürfen – sehr schnell werden sie rückfällig, im schlimmsten Fall nehmen sie eine Überdosis. Leider war dieser Schlendrian in der Praxis Kreutzthal offenbar üblich. Im Jahr 2005 verordnete der Arzt L-Polamidon im Wert von mindestens 14 000 Euro. Damit lag er landesweit einsam an der Spitze. Der Kollege auf dem zweiten Platz verschrieb gerade mal halb so viel.

Das ist allerdings nur der Schaden, den eine einzige Krankenkasse festgestellt hat. Andere Versicherungen könnten ebenso betrogen worden sein. Weil die Staatsanwaltschaft jedoch gar nicht erst anderweitig ermittelte, muss das wahre Ausmaß dieses Drogendeals im Dunkeln bleiben. Seine Praxis sah jedenfalls wie ein Polamidon-Großlager aus. Als die Ermittler die Räume durchsuchten, fanden sie unzählige leere Originalfläschchen in Papierkörben und Abfallbehältern.

In einem Hängeschrank standen weiße Plastikflaschen in Reih und Glied. In diesen Behältern durften die Süchtigen ihre üppigen Rationen mit nach Hause nehmen. Wenn der Arzt in den Urlaub fuhr, wurden die Polamidon-Portionen sogar noch großzügiger verteilt. Alle Patienten mussten an einem bestimmten Tag in die Praxis kommen. Dann gab die Angestellte jedem von ihnen die Menge für drei Wochen aus und wünschte ein freundliches Wiedersehen.

Das ist kein Einzelfall. Im Jahre 2008 stellte die Kassenärztliche Vereinigung Niedersachsen Strafanzeige gegen 104 Methadon-Mediziner des Landes, also mehr als jeden dritten Suchtarzt. Besonders häufig wegen des Verdachts, sie hätten Heroinabhängigen ihre Substitutionspräparate mit nach Hause gegeben. Die großangelegte Aktion der Ärztevertretung war von einem Hinweis der Krankenkassen ausgelöst worden. Deren Ermittler stießen zwei Jahre zuvor auf vier Ärzte, die offenkundig falsch abrechneten. Eine Medizinerin aus Ostfriesland mit mehr als 50 Suchtklienten fiel den Kassen-Detektiven besonders auf. Sie wunderten sich, weil die Medizinerin sehr oft hohe Dosen verschrieb, die Patienten jedoch geringere Mengen bekamen. Was übrig blieb, hortete die Ärztin und verkaufte es weiter. Aus der Ärztin war eine Dealerin geworden.

Allein diese Medizinerin kassierte bei der Kassenärztlichen Vereinigung 250 000 Euro Honorar zu Unrecht. Das Gericht verurteilte sie zu dreieinhalb Jahren Gefängnis. Gegen weitere acht Mediziner erhoben die Staatsanwaltschaften zwischenzeitlich Anklage, in 49 Fällen wurden die Verfahren jedoch eingestellt.

Wenn schon Mediziner derart unverantwortlich mit gefährlichen Substanzen umgehen, nimmt es kaum wunder, dass die von ihnen behandelten Suchtkranken ebenso handeln. Viele der Patienten von Malte Kreutzthal dealten mit dem Stoff. Reines L-Polamidon erzielt auf dem Schwarzmarkt hohe Preise und ist deshalb sehr begehrt. Für 20 Milliliter zahlen Käufer 50 bis 100 Euro. Doch das ist nicht alles. Manchen Patienten händigte der Arzt ihre Rezepte einfach aus, sodass sie sich ihre Mittel in der Apotheke selbst besorgen konnten – Suchtkranke dürfen dies nur in Ausnahmefällen. Normalerweise sollten sie ihre Medikamente in Anwesenheit des Arztes einnehmen. Nur wenn der Mediziner seine Klienten als zuverlässig und standhaft einstuft, darf er ihnen die Freiheit einräumen, sich die Arzneien selbst zu holen. Dann kennzeichnet er ihre Verordnungen mit dem Vermerk «take home». Malte Kreutzthal machte jedoch aus einem Ausnahmefall die Regel.

Bedauerlicherweise sind diese Praktiken bei vielen Suchtärzten inzwischen üblich. Ob in Ansbach, Lüneburg, Kassel oder Uelzen – quer durch die Republik wird gegen unzuverlässige Vertreter dieses Standes ermittelt. Als beispielsweise die obenerwähnte ostfriesische Ärztin ihre Praxis für einen Tag nicht öffnen konnte, hinterließ sie ein Schild mit der Nachricht: «Pola ist im Garten.» Neben den Gemüsebeeten konnten sich die Suchtkranken aus einer Flasche Polamidon mittels kleiner Becher dann selbst bedienen. Kollegen dieser Frau gaben Ersatzdrogen an Minderjährige ab, andere verkauften überzähligen Stoff. In Hessen klagte die Staatsanwaltschaft vor zwei Jahren einen Arzt an, der Methadon in Sprudelwasserflaschen gehandelt haben soll. Ausgerechnet dieser Mann hatte zuvor seine Kollegen in der Suchttherapie ausgebildet. Andere Mediziner tauschten die Medikamente gegen Kokain ein. Sie waren selbst süchtig und hatten einen Weg gefunden, sich ihre Drogen auf Kosten der Krankenkasse zu besorgen.

Auch Malte Kreutzthal war einst drogenabhängig gewesen, deshalb lag der Verdacht nahe, dass er für sich etwas Polamidon abzweigte. Das schien sich zu bestätigen, als die Fahnder mehrere Liter der Ersatzdroge nicht finden konnten, obwohl Kreutzthal sie bestellt haben musste. Der Arzt bestritt jedoch vehement, Polamidon genommen zu haben – die überschüssigen Mengen sollen an die stetig wachsende Zahl seiner Patienten gegangen sein. In der Szene galt der laxe Arzt schließlich bald als Geheimtipp. Ob und wie lange Malte Kreutzthal ins Gefängnis muss, steht derzeit noch nicht fest. Drogensüchtige wird er jedenfalls nicht mehr behandeln, seine Konzession als Substitutionsarzt musste er noch während der Ermittlungen zurückgeben.

Trotz vieler offenkundiger Probleme mit der Substitutionsbehandlung ist eine sachliche Diskussion darüber meist nicht möglich. Das Feld ist politisch vermint. Während progressive Parteien die Methadon-Abgabe zumeist vorbehaltlos verteidigen, steht sie bei vielen Konservativen in zweifelhaftem Ruf. Noch schärfere Gegensätze treten zutage, wenn es darum geht, Heroin staatlich kontrolliert abzugeben. Eine öffentliche Debatte gibt es ebenfalls selten. Für eine kurze Zeit war das anders – im Herbst 2006. Damals fanden Polizisten den kleinen Kevin tot im Kühlschrank einer Bremer Wohnung, sehr wahrscheinlich ermordet von seinem Vater. Dieser hatte ebenfalls an einer Methadon-Therapie teilgenommen. Sein Arzt stand im Verdacht, bei seinen Patienten beide Augen zugedrückt zu haben, wenn sie neben Methadon in größeren Mengen Alkohol und Drogen genommen hatten. Ein solcher Beikonsum ist in der Substitution streng verboten.

Die Schwachstellen in der Suchtmedizin sollen hier nicht diskutiert werden. Aber die oben beschriebenen Fälle werfen zumindest Fragen auf: Sollte die Therapie auf Spezialisten mit ausreichender Erfahrung beschränkt werden? Muss die Gesellschaft diese Behandlungen eventuell besser finanzieren, dann aber unter Einhaltung höherer Standards? Ist die Substitution ein hinreichend anerkannter Teil der Ausbildung? Wenn wir auf diese Fragen eine Antwort finden, dann könnten viele Probleme der Suchtmedizin gelöst werden. Die Zeiten für Schwindler, Dealer und Mediziner ohne Verantwortungsgefühl würden dann härter.

Prothesen aus China, Preise aus Deutschland

Glücklicherweise müssen nur die wenigsten von uns einen Suchtmediziner aufsuchen. Ganz anders sieht es da mit Zahnärzten aus. Mindestens alle sechs Monate sollte man die eigenen Zähne kontrollieren lassen – und die meisten Menschen überwinden ihre Angst vor Spritze und Bohrer. Denn niemand zeigt seinem Gegenüber gern schlechte Zähne. Deshalb geben wir viel Geld für Prothesen und Kronen aus. Dieser Zahnersatz ist so teuer, weil die Techniker, die ihn anfertigen, und die Mediziner, die ihn einsetzen, millimetergenau arbeiten müssen. In Deutschland gibt es dafür hervorragend ausgestattete Labore und Spezialisten. Solange sie beste Qualität liefern, zahlen die meisten Patienten gern einen Aufpreis dafür.

Es häufen sich jedoch die Fälle, in denen kriminelle Zahnmediziner den Löwenanteil des Geldes in die eigene Tasche stecken. Sie lassen die Präzisionsarbeit von billigen Arbeitskräften im In- oder Ausland erledigen und streichen hohe Gewinne ein. In einem der spektakulärsten Fälle beutete ein riesiges Kartell Krankenkassen und Patienten jahrelang aus. Nur weil ein Mann Rückgrat bewies, konnte die Prothesen-Mafia gestoppt werden.

Am Morgen des 20. November 2002 stand ein Tross von Ermittlern vor den Toren der «Globudent Handelsgesellschaft mbH». Hier in Mülheim an der Ruhr, im Dreieck zwischen Duisburg, Essen und Düsseldorf, sollten sie den größten Skandal um billigen Zahnersatz aufdecken, den Deutschland bis dahin erlebt hatte. Polizisten trugen kistenweise Aktenordner und Computer aus dem Gebäude. Am selben Tag wurden in Essen und Duisburg sowie Bremen und Delmenhorst etwa zwanzig Wohn- und Geschäfträume durchsucht. Drei Schlüsselfiguren nahm die Polizei sofort fest, darunter den Geschäftsführer von Globudent.

Sie waren die Patrone eines mafiösen Geflechts, welches Zahnärzte mit billigen Prothesen aus dem Ausland versorgt hatte. Dabei war die Qualität der aus China bezogenen Ware nicht schlecht. Es hätte ein gutes Geschäft für alle werden können, wenn die Mediziner die niedrigen Kosten wie vorgeschrieben an Patienten und Krankenkassen weitergegeben hätten. Doch die mussten hohe deutsche Preise zahlen. Die Beute wurde geteilt. Gegen mehr als 500 Zahnärzte ermittelten die Behörden. Sie hatten Millionensummen in die eigene

Tasche gewirtschaftet. Aufgeflogen war das Ganze nur, weil ein Zahnarzt das Angebot ausschlug, in das kriminelle Geschäft von Globudent einzusteigen. Stattdessen informierte er die Krankenkassen.

Um zu verstehen, wie der Globudent-Deal funktionierte, muss man begreifen, wie die Verträge zwischen Krankenkassen und Zahnärzten gestaltet sind. Eine Rechnung für Kronen, Brücken und Prothesen setzt sich zum einen aus dem Honorar für die Behandlung und zum anderen aus den Kosten für das Labor und die teuren Materialien zusammen. Letzteres regelt das Bundeseinheitliche Leistungsverzeichnis, kurz BEL. Hier darf der Zahnarzt den Krankenkassen nur die Kosten in Rechnung stellen, die ihm tatsächlich entstanden sind. Am Zahnersatz selbst soll er nichts verdienen. Rabatte, Boni oder andere Preisvergünstigungen muss er an die Krankenkassen und seine Patienten weitergeben.

Genau hier setzte Globudent an. Das Unternehmen ging gezielt auf Zahnärzte zu und bot günstige Produkte aus China an. Das ist noch nicht verwerflich, solange die hiesigen Zertifizierungsregeln eingehalten werden. Krankenkassen und Patienten würden sich über geringere Kosten bei gleicher Qualität mit Sicherheit freuen. Doch die Mediziner waren nicht in dieses Geschäft eingestiegen, damit andere profitieren. Sie bezogen über Globudent den Zahnersatz bis zu fünfzig Prozent billiger. Dann stellten sie diesen zu BEL-Höchstsätzen in Rechnung.

Bei diesem knallharten Betrug bot Globudent sogar verschiedene Tarife an. Die zwei wichtigsten waren der «Standard»- und der «Komfort»-Tarif. Bei Ersterem schrieb Globudent die günstigen Preise aus China auf die Rechnung.

Viele Zahnärzte, die diesen Tarif wählten, gaben die Preise weiter. Andere manipulierten allerdings ihre Rechnungen so, dass es aussah, als käme der Zahnersatz aus ihrem eigenen Labor. Manche Dentisten gingen dabei erschreckend professionell vor. Sie ließen ihre Verwandten fiktive Unternehmen gründen. Dort geschah nichts anderes als das Umschreiben von billiger Globudent- zu teurer Höchstsatz-Rechnung. Das zwischengeschaltete Unternehmen sandte dem Zahnarzt dann eine offizielle Rechnung zu, die er den Krankenkassen und Patienten vorlegte. Den Gewinn strich die Familienbande ein. Als zweite Option bot Globudent noch den Komforttarif an. Dabei stellte das Unternehmen Rechnungen mit deutschen Höchstsätzen aus. Zum Schein bezahlten die Zahnärzte Globudent in voller Höhe – sie wussten, dass die Gesellschaft ihnen später bis zu 30 Prozent des Wertes erstatten würde. Natürlich durfte dieser sogenannte Kick-back nicht über offizielle Konten laufen. Als Globudent noch am Anfang stand, brachte deshalb ein Kurier das Geld vorbei. Bei besonders guten Kunden erledigte dies der Geschäftsführer auch persönlich. Als das Geschäft florierte, wurden die Gangster professioneller. Sie legten mehrere geheime Nummernkonten im Ausland an. Über diese Relais ergoss sich ein stetig anschwellender Geldstrom in die Börsen der Betrüger.

Dieser Skandal beschäftigt die Justiz bis heute. Gegen jeden der beteiligten Zahnärzte wurde ein Ermittlungsverfahren eingeleitet und von Wuppertal an die zuständigen Staatsanwaltschaften in den Bundesländern abgegeben. Der Gesamtschaden lag bei mehreren Millionen Euro für alle Krankenkassen.

Die Globudent-Verantwortlichen wurden zu mehrjährigen Gefängnisstrafen verurteilt. Manche Zahnärzte schafften es, sich rechtzeitig ins Ausland abzusetzen. Aus Kanada erhielt ich sogar einmal die freundliche Mail eines Globudent-Sünders. Es gehe ihm gut, er werde Deutschland in nächster Zeit nur leider nicht besuchen können.

Inzwischen mehren sich bedauerlicherweise die Anzeichen, dass die billigen Zahnprodukte aus dem Ausland gar nicht mehr vonnöten sind, um Krankenkassen und Patienten zu prellen. So rief mich Anfang 2008 ein Zahntechniker an. Er schilderte, wie Kieferorthopäden versuchen, die Preise für die Zahnspangenteile zu drücken. Dabei ging es vor allem um die sogenannten Dehnplatten, an denen die Metallteile der Spange befestigt werden. Die Kieferorthopäden drängen Zahntechniker zu extrem niedrigen Preisen – sie drohen, andernfalls Feierabend- oder Wochenendtechniker zu beschäftigen, welche die benötigten Dehnplatten in ihrer Freizeit herstellen. Diese bieten ihre Dienste in gängigen Fachzeitschriften unter Mobilfunknummern an. Ein spezielles Spangenteil, das eigentlich 70 Euro wert ist, verkaufen sie für 25 Euro. Bei solchen Discountkosten machen die Zahnärzte einen äußerst guten Schnitt. Denn von den Krankenkassen kassieren sie natürlich die im BEL-Katalog verzeichneten Höchstpreise.

Die Zahl der Freizeittechniker wächst, weil immer mehr Labore Mitarbeiter entlassen müssen oder nur noch in Teilzeit beschäftigen können. Mit der steigenden Zahl an Billigbastlern steigt wiederum der Druck auf die Labore, sodass diese auf die unmoralischen Angebote der Kieferorthopäden eingehen müssen. Sie selbst tun dabei nichts Unrechtes.

Letztlich müsste der Zahnarzt die niedrigen Preise an die Krankenkassen weitergeben, aber das geschieht natürlich nicht. Stattdessen fingiert er eine Rechnung, laut deren die Spangenteile in seinem eigenen Labor hergestellt wurden. Die Gewinnspanne der Betrüger ist enorm – mitunter 200 bis 300 Prozent.

Vieles spricht dafür, dass Kieferorthopäden bundesweit Patienten und Krankenkassen auf diese Weise hintergehen. Auch andere Zahnmediziner scheinen die Möglichkeit der Preisdrückerei entdeckt zu haben. Inzwischen sollen laut unseren Informanten neben Zahnspangen auch Brücken und Kronen von Wochenendbastlern zusammengeschustert und für viel Geld abgerechnet werden. Damit sehen sich die Krankenkassen mit einem weit größeren Problem konfrontiert, als es Globudent je hätte sein können. Denn die Handelsgesellschaft war zentral organisiert und geführt. Als sie aufflog, platzten all ihre Geschäfte mit einem Schlag; in den Geschäftsunterlagen waren die Namen der beteiligten Zahnärzte fein säuberlich aufgeführt.

Beim Spangenschwindel haben es die Betrugsbekämpfer jedoch mit einer unübersehbaren Zahl von Einzeltätern zu tun. Jeder Fall würde eine Ermittlung erfordern, die nur mit enormem Personalaufwand zu bewerkstelligen wäre. Da uns Zahntechniker nicht allzu oft solche wertvollen Tipps geben, müssten wir in großem Umfang verdeckt ermitteln. Nur so könnten wir herausfinden, welche Labore zu welchen Preisen mit welchen Zahnärzten abrechnen.

Die Ermittler der Krankenkassen können Straftaten aufdecken und die Täter anzeigen, aber sie sind personell nicht in der Lage, das Abdriften eines ganzen Berufsstandes in prekäre

Hilfsjobs für kriminelle Zahnärzte aufzuhalten. Hier müssen andere Regelungen her. Bisher stehen die Krankenkassen in keinerlei Beziehung zu den zahntechnischen Laboren. Wie wäre es, wenn nur noch von den Krankenversicherungen geprüfte Einrichtungen Zahnspangen und Zahnersatz zu festen Preisen herstellen dürften? Da die Krankenkassen an niedrigen Preisen und hoher Qualität interessiert sind, würden die Patienten in jedem Fall profitieren.

Den Zahntechnikern käme eine solche Regelung ebenfalls zugute. Denn die Mediziner hätten gar keine Möglichkeit mehr, die Kosten zu drücken, wenn den Versicherungen die Preise der von ihnen geprüften Labore bekannt sind. Den Zahnärzten und Kieferorthopäden würde dieser Vorschlag wohl am wenigsten gefallen – ein Proteststurm wäre die Folge. Vielleicht gibt es eine andere Lösung, eine Diskussion über dieses Problem muss jedenfalls geführt werden. Denn durch Nichtstun lässt sich die wachsende Gesundheitskriminalität nicht eindämmen.

Drittes Kapitel

Therapeuten im Zwielicht

Die Sektflasche wurde mir zum Verhängnis. Eben stand sie noch auf dem Fensterbrett, im nächsten Moment rammte der Mann sie mir unter den linken Rippenbogen. Der Mann war mein Physiotherapeut. Er erklärte mir, die Milz reizen zu wollen, oft sei sie Auslöser diverser Qualen. Unmerklich versuchte ich vom Therapeuten und seiner Flasche abzurücken und trotzdem ruhig zu atmen. Bei der erstbesten Gelegenheit suchte ich das Weite und verließ die Praxis.

In diese kuriose Lage war ich geraten, weil ich Beschwerden im rechten Schulter- und Ellbogengelenk hatte. Ich war nicht mehr imstande, einen Stapel Teller aus dem Schrank zu nehmen, Bücher fielen mir aus der Hand. Mein Hausarzt schickte mich zu einem Physiotherapeuten. Ein angenehmer, sehr freundlicher und humorvoller Mensch, dachte ich – jedenfalls bis zum Vorfall mit der Flasche. Ich fragte mich, unter welcher Bezeichnung er seine spezielle Behandlung wohl mit der Krankenkasse abrechnen würde.

Physiotherapeuten gehören zu unseren besten Kunden. Seitdem unsere Abteilung existiert, schlagen wir uns am

häufigsten mit falschen Masseuren, betrügerischen Rehabi-
litationsexperten und medizinischen Bademeistern herum,
die das Manipulieren ihrer Qualifikationsurkunden besser
beherrschen als ihren Beruf. Allein im Jahr 2008 mussten
wir rund 280 Ermittlungen in die Wege leiten, das waren
über ein Viertel der von uns in diesem Jahr neu verfolgten
Vergehen. Damit lagen die Therapeuten sogar noch vor den
Ärzten. Die Dimension für das gesamte Gesundheitswesen
wird deutlich, wenn man den Marktanteil der KKH-Allianz
hochrechnet: Der Schaden beträgt dann insgesamt etwa 20
Millionen Euro.

Das liegt vor allem an den vielen Möglichkeiten in der
Branche, zu täuschen und zu tricksen. Physiotherapeuten
können sich auf vielerlei Weise zusätzlich qualifizieren – das
Spektrum beinhaltet spezielle Arten von Massage, bestimmte Übungen zum Lockern oder Beanspruchen der Muskula-
tur genauso wie Techniken, mit deren Hilfe hirngeschädigte
Unfallopfer wieder lernen sollen, ihre Glieder zu bewegen.
Das Heilmittelverzeichnis, das diese Methoden auflistet,
umfasst mehr als zwanzig engbedruckte Seiten. Allerdings
dürfen die Therapeuten nur die Verfahren anwenden und
bei den Krankenkassen abrechnen, die sie tatsächlich gelernt
haben. Alles andere wäre eine Einladung für Scharlatane, die
Gesundheit ihrer Patienten zugrunde zu richten.

Nicht wenige in der Branche wollen das Geld für die
Weiterbildungen jedoch sparen und dennoch abkassieren.
Deshalb basteln sich viele Masseure oder medizinische Ba-
demeister ihre Zeugnisse selbst – Urkundenfälschung ist ei-
nes der häufigsten Delikte in diesem Metier. Manche dieser
Hasardeure haben noch nicht einmal ihre Ausbildung als

Physiotherapeut abgeschlossen und werkeln trotzdem an verspannten Schultern, schmerzenden Armen und ausgerenkten Gelenken herum. Etwa ein Gespann aus Vater und Sohn in der Gegend von Detmold.

Gunnar Meisner war ein Versager. Das glaubte er jedenfalls, und – was noch schlimmer für ihn war – sein Vater glaubte das auch. Einst hatte er sich zum Klavierstimmer ausbilden lassen, um das elterliche Musikgeschäft zu übernehmen. Nach der Wiedervereinigung waren die Geschäfte allerdings immer schlechter gelaufen. Von Monat zu Monat war weniger Geld in der Kasse, er versuchte durchzuhalten, sich einzuschränken, doch vergeblich. Gunnar Meisner musste Insolvenz anmelden, er hatte den Familienbetrieb ruiniert.

Doch Meisner gab nicht auf. Weil seine zweite Ehefrau erfolgreich als Physiotherapeutin arbeitete, wollte er ebenfalls diesen Beruf ergreifen. 1993 begann er seine Ausbildung und beherrschte die Theorie auch bald recht gut. Doch im Umgang mit den Patienten machte er zu viele Fehler und fiel deshalb durch die praktische Prüfung. Von seinem Scheitern erzählte er allerdings niemandem, nicht einmal seiner Frau. Er wollte allen zeigen, dass er kein Verlierer war. Außerdem machte ihm der Job Spaß, der Beruf des Physiotherapeuten faszinierte ihn. Doch damit er ihn ausüben konnte, musste ein gültiger Abschluss her. Und Gunnar Meisner wusste auch schon, woher er den bekam.

Er borgte sich das Zeugnis eines Mitschülers. Mit Computer, Kopierer und sehr viel Tipp-Ex bastelte sich der gescheiterte Prüfling ein eigenes Zertifikat. Bei dieser Gelegenheit fälschte er auch noch ein Dokument der örtlichen Bezirks-

regierung, welches ihm das Recht verlieh, sich als «Physiotherapeut» zu bezeichnen. Danach ließ Gunnar Meisner
drei Jahre lang Gras über die Sache wachsen und arbeitete
als Handballtrainer. Im Januar 1999 bewarb sich der falsche
Therapeut bei einer Krankengymnastin in Paderborn. Er hatte Glück, und sie stellte ihn ein. Dort hielt es ihn allerdings
nur kurz, dann arbeitete er fast vier Jahre als Physiotherapeut
in der Praxis eines Detmolder Krankengymnasten. Sein
Schwindel fiel offenbar niemandem auf. Im Gegenteil. Als
Gunnar Meisner ein eigenes Unternehmen gründen wollte,
unterstützte ihn sein Chef nach Kräften und schrieb ihm das
dafür notwendige Gutachten.

Wenig später begrüßte der Hochstapler die ersten Patienten in seiner Praxis. Neben Fitnessgeräten bot er dort auch
physiotherapeutische Behandlungen und medizinische Massagen an. Weil er nach außen nicht als Inhaber des Geschäfts
auftreten wollte, heuerte er einen ausgebildeten Masseur an.
Dieser musste sich von seiner Mutter mehr als 60 000 Euro
borgen, damit die Praxis überhaupt ordentlich ausgestattet
werden konnte. Zum Dank dafür stellte ihn Gunnar Meisner
nach etwa einem halben Jahr vor die Wahl: Der Mann sollte die Praxis entweder vollständig übernehmen oder verschwinden. Der Masseur ging.

Für Gunnar Meisner offenbar die günstige Gelegenheit,
das illegale Geschäft künftig ganz in familiäre Hände zu legen. Er überredete seinen Sohn aus erster Ehe, in das Unternehmen einzusteigen – aus steuerlichen Gründen sollte der
Filius als Besitzer auftreten. Doch auch Marcel Meisner war
kein ausgebildeter Physiotherapeut. Er hatte als Schüler-
praktikant ein paar Tage in den Beruf hineingeschnuppert

und später seinen Zivildienst in der physiotherapeutischen Abteilung einer Klinik abgeleistet. Eine Ausbildung als Krankenpfleger brach er ab, weil er lieber Handball spielen wollte – diese Leidenschaft hatte er von seinem Vater geerbt.

Zunächst hatte Marcel Meisner mit dem Tagesgeschäft auch nichts zu tun. Erst als er eine Ausbildung zum Physiotherapeuten begann, setzte ihn der Vater für kleinere Arbeiten ein. Der Massage-Patron hoffte wohl, dass sein Nachfolger später voll ins Geschäft einsteigen würde. Aber auch Marcel Meisner fiel durch die Prüfung. Sein Vater beschloss, dass trotzdem alles weiter nach Plan laufen sollte. Sein Sohn massierte, behandelte und beriet fortan Patienten, die wegen Fitnesstraining oder Physiotherapie in das väterliche Geschäft kamen. Damit ließ sich gutes Geld verdienen.

Auf welchem Wege der einträgliche Schwindel letztlich aufflog, wissen wir bis heute nicht genau. Ein Rechtsanwalt aus der Gegend erstattete jedenfalls Anfang 2008 Strafanzeige. Er sagte später, etliche betroffene Patienten hätten ihn angesprochen, womöglich trieben die schmerzhaften Konsequenzen der «Therapie» die Kunden von Gunnar und Marcel Meisner zu diesem Schritt. Selbst vor so riskanten Eingriffen wie dem Einrenken von Wirbeln sollen sie nicht zurückgeschreckt sein – dabei können im schlimmsten Fall lebenswichtige Adern verletzt werden.

Das Gericht verurteilte den Vater zu einer Gefängnisstrafe von einem Jahr und neun Monaten. Sie wurde nicht zur Bewährung ausgesetzt, weil der Mann selbst dann noch weiterpraktizierte, als Polizisten schon seine Wohnung und seine Praxis durchsucht hatten. Sein Sohn bekam neun Monate auf

Bewährung. Bis zuletzt hatte der 26-Jährige geglaubt, sein Vater sei ein ausgebildeter Therapeut.

Andere Betrüger haben zwar ihren Abschluss ehrlich erworben, wollen aber nicht einsehen, warum sie später noch Geld und Zeit für Fortbildungen opfern sollen. Abkassieren möchten sie trotzdem. In wenigen Stunden Bastelarbeit puzzeln sie sich ein Zeugnis für einen vierwöchigen Lehrgang in Lymphdrainage zusammen.

So hielt es auch der Physiotherapeut Herbert Wolle, der wie die Betrüger Meisner ebenfalls in Nordrhein-Westfalen arbeitete. Der damals 47-Jährige schickte dem Verband der Ersatzkassen ein Zertifikat, dem zufolge er sich in Manueller Therapie fortgebildet hatte. In 340 Stunden will der Mann gelernt haben, Bewegungsstörungen der Gelenke und der Wirbelsäule zu erkennen und mit speziellen Griffen zu beheben. Später bat er die Krankenkassen um die Erlaubnis, künftig auch Behandlungen in «propriozeptiver neuromuskulärer Faszilitation» abrechnen zu dürfen – eine andere Methode gegen Störungen im Bewegungsablauf. Angeblich hatte Wolle 120 Stunden lang eine entsprechende Fortbildung besucht.

Dieses Mal überprüfte der Ersatzkassenverband die Angaben: Der Physiotherapeut habe «an den Weiterbildungen in Manueller Therapie und PNF in unserem Hause nicht teilgenommen», antwortete die Therapeutenvereinigung auf eine entsprechende Anfrage. Später musste der Betrüger deshalb das Geld für alle falsch abgerechneten Behandlungen zurückzahlen. Außerdem brummten ihm die Richter noch eine saftige Geldstrafe auf. Er hatte schließlich die Gesundheit seiner Patienten gefährdet.

Dieses Spiel mit dem Feuer rechtfertigen viele Therapeuten mit ihrer wirtschaftlich prekären Situation. Tatsächlich war die Lage des Berufsstandes schon mal besser. In Nordrhein-Westfalen, wo auch die Fälscher Gunnar Meisner und Herbert Wolle praktizierten, gingen ihre Kollegen im März 2006 sogar auf die Straße. «Die Ärzte verschreiben kaum noch Therapien», begründeten sie den Protest – bis zu 70 Prozent weniger Behandlungen sollen die Ärzte im Vergleich zum Vorjahr verschrieben haben. In einigen Städten am Niederrhein schickten die Mediziner fast gar keine Patienten mehr zu Sprach- oder Bewegungstherapeuten. Die Betroffenen machten die Gesundheitsreform dafür verantwortlich.

In der Tat können Mediziner seit Juli 2004 nicht mehr unbegrenzt Krankengymnastik, Sprachförderung und andere Heilverfahren verordnen. Jede Praxis hat nach der Heilmittel-Richtlinie ein festgelegtes Budget für diesen Posten. Überschreitet ein Arzt die sogenannten Richtgrößen, kann ihm sein Honorar gekürzt werden. Laut der Kassenärztlichen Vereinigung Nordrhein überwiesen die Krankenkassen 2006 etwa 390 Millionen Euro für Heilmittel. Das seien mindestens 30 Millionen weniger als in den fünf Jahren davor. Bundesweit stieg die Zahl der arbeitslosen Therapeuten im Jahr 2004 von rund 3300 auf etwa 5300 an – eine Steigerung von über 62 Prozent.[1] Der nordrhein-westfälische Therapeutenverband hatte sogar Strafanzeige gegen einige Mediziner erstattet, weil deren Handeln «lebensgefährlich» sei. Man habe zahlreiche Fälle von chronisch Kranken dokumentiert, denen die Ärzte keine Behandlung verordneten, obwohl sie ohne Krankengymnastik dauerhaft im Rollstuhl sitzen müssten.

Allerdings erklärt die umstrittene Richtlinie nicht alle Schwierigkeiten der Branche. Laut einer Umfrage unter selbständigen Physiotherapeuten sank deren Umsatz bereits seit 2003 – bis 2008 schrumpfte er im Durchschnitt um knapp acht Prozent auf aktuell etwa 193 000 Euro jährlich. Grund ist eine fatale Entwicklung: Immer mehr Physiotherapeuten rangeln um immer weniger Geld. Allein 2008 stieg die Zahl der physiotherapeutischen Einzelpraxen um sechs Prozent. Viele davon waren Einmannbetriebe, deren Besitzer irgendwie der Arbeitslosigkeit entkommen wollten und sich nun mehr schlecht als recht durchschlugen. Jährlich kommen etwa 6000 Schulabgänger hinzu, die ebenfalls einen Job suchen.[2]

Zugleich lässt sich aus den sicheren Geldquellen immer weniger herausholen, weil die Krankenkassen sparen müssen. Dies trifft nicht alle Masseure gleichzeitig, sondern meistens die mit kleineren, weniger attraktiven, schlechter ausgestatteten Praxen und einem geringeren Finanzpolster. Ihnen fällt es außerdem schwer, an die begehrten Privatpatienten heranzukommen, mit denen sich viel mehr verdienen lässt. Und neue Kunden durch Wellnessangebote oder Gesundheitsvorsorge anzulocken, können sie sich meist ebenfalls nicht leisten – es fehlen die Räume und das Geld fürs Personal. In der Wirklichkeit bedeutet dies leider nur allzu oft, dass es keine fachkundige Betreuung gibt, obwohl sie versprochen wird.

So ermittelte das Berliner Landeskriminalamt 2008 gegen einen Masseur, der Traktionsbehandlugen abgerechnet hatte, obwohl er dafür nicht qualifiziert war. Bei diesem Heilverfahren soll der Druck auf gequetschte Nerven und Gelenke gemindert werden, oft mit Hilfe spezieller Geräte. Diese sensible Behandlung hätte eine seiner Mitarbeiterinnen vornehmen können, denn sie ließ sich entsprechend weiterbilden. Ein durchaus übliches Verfahren: Wenn ein Geschäftsinhaber bestimmte Heilmethoden nicht selbst beherrscht, holt er sich jemanden, der dafür qualifiziert ist.

Aber viele Betriebe täuschen nur vor, einen solchen Experten einzustellen. Zwar müssen die qualifizierten Kräfte schriftlich bestätigen, sich an geltende Verträge zu halten. Oftmals fälschen ihre angeblichen Arbeitgeber jedoch diese Unterschrift. Deshalb wird quer durch die Republik gegen solche betrügerischen Unternehmer ermittelt. Der Berliner Fall folgte ebenfalls diesem Muster – mit einer kleinen Abweichung. Hier hatte die Angestellte den Verpflichtungsschein noch selbst unterschrieben, die Praxis des Masseurs aber kurz darauf verlassen. Gemeldet hat der Betrüger dies den Krankenkassen nie, wir erfuhren davon erst sieben Jahre später durch den Brief der Polizei.

Schmerzhafte Packungen

Neben dem Fingieren von Zeugnissen und dem Erfinden von Angestellten ist das Vortäuschen von Therapeutenbesuchen die dritte äußerst beliebte Variation der Unterschriftenfälschung. Das Procedere bei Massagen und ähnlichen Behandlungen ist Folgendes: Das Rezept schreibt der Arzt – auf dem Formular trägt er seine Diagnose ein, legt ein Heilverfahren fest und die Häufigkeit der Anwendung. Danach geht der Patient mit der Verordnung zu einem Therapeuten. Dieser vermerkt auf der Rückseite der Verordnung die Termine und die Art der Behandlung. Eigentlich soll der Patient für jeden einzelnen Besuch unterschreiben. Was aber geschieht, wenn er mal nicht da war oder die Behandlung abbricht? Dann unterschreibt nicht selten der Therapeut für die Termine, welche seine Klienten vergessen haben oder aus anderen Gründen nicht wahrnehmen konnten.

Annegret Uecker staunte nicht schlecht, als sie ihr ärztliches Rezept las. Sie hatte es vom Physiotherapeuten zurückverlangt, weil sie mit seiner Behandlung nicht zufrieden war und Schmerzen spürte. Anstandslos händigte die Praxishilfe die Verordnung aus. Auf der Rückseite waren sechs Termine für Lymphdrainagen vermerkt. Hinter jedem Datum stand Annegret Ueckers Unterschrift. Doch sie hatte die Praxis an den angegebenen Tagen gar nicht besucht. Offenbar hatte der Physiotherapeut ihre Unterschriften gefälscht. Der Betrüger musste eine Geldstrafe zahlen. In solchen Fällen kommen pro Kunde oft nur fünfzig oder hundert Euro zusammen, aber diese Schäden addieren sich zu beträchtlichen Summen.

Zum Leidwesen krimineller Therapeuten hinterlassen gefälschte Zeugnisse und Unterschriften immer eine Spur, die dann direkt zum Täter führt. Zudem sind sie vor Gericht als Beweismittel kaum widerlegbar. Deshalb versuchen manche Scharlatane diese Gefahr zu umgehen und die Patienten zu Komplizen zu machen – mit oder ohne deren Wissen.

Wie das funktioniert, hat ein angeblicher Wirbelsäulenexperte aus einer bayerischen Kleinstadt vorgemacht. Weil er keine Spezialisten für die vom Arzt verschriebenen Therapien vorweisen konnte, drängte er seine Kunden dazu, diese gegen andere von ihm empfohlene Behandlungen zu tauschen. Zwar beschwerten sich einige Patienten bei uns, allerdings gab es keine schriftlichen Belege für ihre Anschuldigungen. Weil uns deshalb die Beweise für eine Anzeige bei der Staatsanwaltschaft fehlten, sah ich mich gezwungen, selbst aktiv zu werden und verdeckt zu ermitteln.

Es begann im September 2006 mit dem Anruf einer bei uns versicherten Frau. Ihr Arzt hatte ihr jeweils sechsmal Fangopackungen und Massagen verschrieben. Als sie bei einer therapeutischen Praxis anrief, machte ihr die Praxishilfe eine seltsame Offerte: Das Rezept für die klassischen Massagen stelle nur einen Geldwert dar, sie könne es auch gegen drei Thai-Massagen eintauschen. Die Kranke wollte das gern ausprobieren und meldete sich für einen Termin an.

Als sie in der Praxis erschien, nahm eine thailändische Angestellte das Rezept entgegen und verlangte 21 Euro Eigenanteil. Die Patientin beharrte jedoch darauf, erst im Nachhinein zu bezahlen. Ihr wurde bedeutet, sich auf eine Matratze zu legen, nach ihren Beschwerden fragte niemand. Die Massage dauerte rund eine Stunde, und die Frau empfand sie zunehmend als schmerzhaft. Deshalb verlangte sie nach einer klassischen Massage. Daraufhin erklärte ihr eine andere Angestellte, derzeit sei niemand mit der nötigen Ausbildung da. Stattdessen bot man ihr eine sanfte Ölmassage an. Sie solle sich nur noch etwas gedulden, denn drei andere Patienten seien noch vor ihr dran. Am Ende verließ die Frau wütend die Praxis, ohne die Behandlung zu quittieren und ihren Eigenanteil zu bezahlen.

Am nächsten Tag rief sie erneut in der Praxis an und hatte dieses Mal einen gewissen Dr. Klaus Koch am Apparat. Ihm schilderte sie ihre Nöte. Koch behauptete, die erste Thai-

Massage sei immer schmerzhaft, dies würde sich bei den weiteren Behandlungen gewiss bessern. Er empfahl der Patientin, nach einer Woche Pause mit den Massagen fortzufahren. Dann möge sie bitte auch unterschreiben und ihren Eigenanteil bezahlen. Was unsere Versicherte nicht wusste: Trotz seines Doktortitels hatte Klaus Koch niemals Medizin studiert. Er war Ingenieur.

Der Rat des vermeintlichen Facharztes beruhigte die streitbare Patientin. Sie erzählte ihm auch, dass sie vermutlich einen Bandscheibenvorfall erlitten habe – ihr Orthopäde habe deshalb eine Kernspinuntersuchung angesetzt und ihr geraten, die Massagen vorerst auszusetzen. Der falsche Mediziner wollte daraufhin sofort Termine für eine Wirbelsäulentherapie vereinbaren. Die Kernspinuntersuchung sei unnötig, erklärte er, denn er habe die Fähigkeit, Bandscheibenvorfälle zu spüren. Besorgt fragte die Patientin, ob er denn Orthopäde sei. Koch entgegnete, er sei Wirbelsäulenspezialist und therapiere seit Jahren selbst nach der «Dorn-Methode» – dieses Verfahren ist allerdings keine anerkannte Heilmethode, und die gesetzlichen Krankenversicherungen bezahlen dafür nicht. Erfunden hat es ein Sägewerksbesitzer und Landwirt aus dem Allgäu. Nur in speziellen Fällen darf ein Therapeut auf diese Behandlung zurückgreifen, aber keinesfalls, wenn der Arzt eine Massage oder Krankengymnastik verschrieben hat.

Weil die Patientin nicht wusste, dass Dr. Koch ein Scharlatan war, gelang es ihm, sie zu überreden. Er behauptete zudem, für eine klassische Massage kein Geld von den Krankenkassen zu bekommen – deshalb müsse er Thai-Therapien anbieten. Am Ende zahlte sie die 21 Euro und quittierte sämtliche Behandlungen. Doch die Erlebnisse in der Praxis ließen ihr keine Ruhe. Je länger sie darüber nachdachte, desto merkwürdiger kam ihr das Gebaren des Doktors vor. Deswegen rief sie uns an.

Unsere Nachforschungen ergaben, dass Klaus Koch ein Unternehmen für Lichttechnik führt und seine thailändischstämmige Frau als Inhaberin der Massagepraxis fungiert. Anchali Koch ist keine ausgebildete Masseurin. Angeblich beschäftigte sie zwei Spezialisten mit den erforderlichen Qualifikationen. Als wir dies überprüften, kam jedoch heraus, dass eine von ihnen schon seit längerem nicht mehr bei Frau Koch arbeitete. Wir befragten die Masseurin, und sie erklärte, dass sie wegen der unseriösen Arbeitsweise des Ehepaars Koch gekündigt habe. Die Patienten seien vor den Behandlungen dazu gedrängt worden, andere als die ärztlich verordneten Heilmittel in Anspruch zu nehmen. Außerdem sollten sie alle Therapien im Voraus quittieren und hohe Eigenleistungen ebenfalls sofort zahlen. Statt der verschriebenen Heilverfahren seien meist nur ein bis zwei Thai-Massagen verabreicht worden.

Viele Kunden hätten hinterher über starke Beschwerden geklagt. Bisher sei es Klaus Koch jedoch stets gelungen, die Patienten mit seinem Doktortitel zu blenden und für die Schmerzen plausible medizinische Erklärungen zu präsentieren. Einige unserer Versicherten bestätigten uns diese Horrorgeschichten. Wir mussten handeln.

Um handfeste Beweise zu finden und die Öffentlichkeit vor gefährlichen Tricksern wie Klaus Koch zu warnen, blieb uns nur eine Möglichkeit: Zusammen mit einem Journalisten und dessen Team machte ich mich Mitte Oktober 2006 auf den Weg nach Bayern. In seiner Krawatte versteckte der Reporter eine winzige Kamera. Die Praxis befand sich im ersten Stock eines Hauses, das an einer stark befahrenen Straße steht.

Beim Öffnen der Tür schlug uns ein strenger Geruch nach allerlei Kräutern entgegen. Ich hatte mir in Hannover von einer befreundeten Ärztin zum Schein sechs Fangopackungen und sechs klassische Massagen verordnen lassen. Dieses Rezept hielt ich nun der hinter dem Tresen stehenden Praxishilfe hin und fragte, ob ich es hier einlösen könne. Sie machte mir sofort ein konkretes Angebot: «Bei uns haben Sie die Möglichkeit, auf dieses Rezept entweder klassische Massage zu bekommen oder Thaimassage.» Sie erklärte mir auch, wie das funktionieren soll: «Wir rechnen dann den Rezeptwert um – dann können Sie zweieinhalb Stunden Thaimassage bekommen.» Es lief genauso ab, wie es uns die Hinweisgeber berichtet hatten. Dass hier unqualifizierte Kräfte arbeiteten, wurde natürlich mit keinem Wort erwähnt.

Nicht nur betrogen Klaus Koch und seine Frau die Krankenkassen, sie gefährdeten auch ihre Patienten. Schon wenige Tage nach unserem Besuch erstatteten wir Strafanzeige. Im Januar 2009 wurden beide wegen gemeinschaftlichen Betruges in vierundzwanzig Fällen verurteilt. Gegen den vermeintlichen Wirbelsäulenspezialisten verhängte das Gericht eine satte Geldstrafe. Seine Frau kam mit einer Verwarnung davon.

Diese Fälle sollten jedem deutlich gemacht haben, warum für Physiotherapeuten und deren Qualifikationen strikte Regeln gelten und wieso wir Verstöße so streng verfolgen. Ein laxerer Umgang würde automatisch dazu führen, dass

Quacksalber wie Gunnar Meisner oder der falsche Dr. Koch ihren Patienten ernsthaft Schaden zufügen könnten.

Das folgende Beispiel mag auch illustrieren, warum nicht nur die Therapeuten selbst, sondern auch die Orte, wo sie ihre Patienten behandeln, hohen Ansprüchen genügen müssen. Weil für die oftmals sensiblen Behandlungen gewisse Voraussetzungen nötig sind, dürfen Therapeuten nur in dafür zugelassenen Räumen arbeiten. Hält sich jemand nicht an diese Vorschrift, muss die Krankenkasse seine Leistung nicht bezahlen. In einem solchen Fall ermitteln wir derzeit in Niedersachsen. Ein verzweifeltes Paar schrieb uns, ihr Sohn werde ohne ihre Erlaubnis in seiner Kindertagesstätte therapiert. Sie hätten davon nur erfahren, weil der Kleine nebenbei erwähnte, eine fremde Frau puzzle mit ihm jetzt immer im Eingangsfoyer und male mit ihm Bücher aus. Bis dahin wussten die Eltern weder, dass ihr Kind an einer Sprachstörung litt, noch hatte die Logopädin Mutter und Vater in irgendeiner Weise in die Behandlung eingebunden. Das ist jedoch zwingend vorgeschrieben.

Als die Eltern die Therapeutin damit konfrontierten, verwies diese auf eine angebliche Sondergenehmigung der Kindergärten. Kurz danach traf eine Aufforderung der logopädischen Praxis ein, die Eltern sollten die Behandlung fortsetzen lassen. Beide waren ratlos, weil sie einerseits nicht wollten, dass ihr Kind den Ärger der Therapeutin oder der Erzieher zu spüren bekam. Andererseits konnten sie sich die Behandlung schlicht nicht leisten. Dass sie diese privat bezahlen sollten, erfuhren sie zudem ebenfalls erst durch eigene Nachforschungen. Offenbar vagabundierte die Logopädin regelmäßig von Kindergarten zu Kindergarten und behandelte angebliche Sprachstörungen. Inwiefern die Erzieher und Leiter bei diesem illegalen Geschäft mitmachen, wissen wir noch nicht.

Therapiemarathon

Mit getürkten Zeugnissen, kriminellen Tauschgeschäften und therapeutischer Landstreicherei machen Physiotherapeuten selten das große Geld. Der Schaden für die Krankenkassen entsteht in diesen Fällen durch die Menge. Wenn Masseure und Krankengymnasten wirklich absahnen wollen, dann folgen sie denselben Pfaden wie kriminelle Ärzte und Apotheker: Sie bilden Netzwerke, mit deren Hilfe sich aus dem Gesundheitssystem mehr Geld herausholen lässt. Diese Kartelle geben sich mit Urkundenfälschung nicht mehr ab – sie sind Meister auf dem Gebiet der Veruntreuung von Geldern. Und sie haben effektive Methoden entwickelt, um an unser aller Geld zu kommen, wie das folgende Beispiel aus Baden-Württemberg zeigt.

Es war ein Angebot, das man kaum ablehnen konnte: Drei Wochen Kur inklusive Unterkunft und Verpflegung für 199 Euro – dazu Übernachtung mit Frühstück für unter 7 Euro pro Tag. Kein Wunder, dass die Gäste scharenweise in den kleinen Kurort strömten. Sie hatten den Köder geschluckt und hingen nun am Haken.

Denn wer für Taschengeld urlauben wollte, musste etwas dafür tun. Die Billigofferte verpflichtete die Kurgäste dazu, sich vom Physiotherapeuten Markus Beier behandeln zu lassen. Auf dem Papier sah das nach einer verlockenden Kombination aus: preiswertes Verreisen plus gesundheitsbewusstes Relaxen. Doch das angebliche Entspannungsprogramm entpuppte sich schnell als Therapiemarathon: Bis zu zwölf oder sogar fünfzehn unterschiedliche Heilverfahren mussten die Patienten täglich über sich ergehen lassen. In nur sechzehn Kurtagen drangsalierte der Therapeut einen Patienten jeweils achtzehn Mal mit Krankengymnastik, Traktion, Bindegewebsmassage, Elektrotherapie, Wärmetherapie, klassischen Massagen, Massagetherapie und Gymnastik im Bewegungsbad.

Eine Goldgrube für den Physiotherapeuten, der eine Unmenge an Rezepten mit den Krankenkassen abrechnen konnte. Da er jemanden brauchte, der diese Verordnungen ausstellte, hatte er den Badearzt Thomas Kleine für das Geschäft angeworben. Gemeinsam hatten die beiden die raffinierte Gästefalle in Betrieb genommen. Der dritte Partner war eine GmbH, die offiziell als Serviceunternehmen zur Stärkung des regionalen Wirtschaftsmarktes firmierte. Das Unternehmen pries das «Therapiekonzept» mit Werbung an. Später sollte die Staatsanwaltschaft herausfinden, dass das Kurkartell insgesamt aus vier Leuten bestand. Sie erbeuteten mehrere hunderttausend Euro.

Um den maximalen Profit aus den Gästen herauszuholen, durften diese ihre Wasserübungen nicht in den schönen Thermalbädern des Kurortes turnen, sondern in den kleinen Becken der Praxis von Markus Beier. Die Fangopackungen bestanden nicht aus Naturmoor, sondern aus Paraffin. Einige Patienten erklärten später, nicht alle abgerechneten Anwendungen erhalten zu haben. Außerdem mussten sie einen so happigen Eigenanteil für die vielen Heilverfahren bezahlen, dass dies den Preisvorteil für Unterkunft und Logis in der Regel wieder auffraß.

Dieses Geschäftsmodell war auf jeden Fall unverschämt. Aber war es auch kriminell? Hatten es sich die Gäste nicht selbst zuzuschreiben, wenn sie auf ein solches Billigangebot hereinfielen? Und warum sollten sich die Krankenkassen beschweren, schließlich waren die Behandlungen ja fast alle tatsächlich durchgeführt worden? Vielleicht waren ihre Versicherten nach dieser Kur fitter als jemals zuvor.

Das mag im Einzelfall sogar stimmen. Und doch: Die Betrüger haben Gelder der Krankenkassen veruntreut. Das sogenannte Wirtschaftlichkeitsgebot soll verhindern, dass Patienten nach dem Prinzip «Viel hilft viel» behandelt werden – und damit die Kosten des Gesundheitswesens unnötig in die Höhe getrieben werden.

Deswegen ist es gesetzlich vorgeschrieben, dass die Leistungen von Ärzten und Heilberuflern für ihre Patienten ausreichend, zweckmäßig und wirtschaftlich sein müssen und zugleich das Maß des Notwendigen nicht überschreiten dürfen. Keines der Kriterien war hier erfüllt. Keiner der Kurgäste brauchte einen derartigen Heilmarathon, weder für die Muskeln noch die Gelenke ist eine solche Reizüberflutung medizinisch sinnvoll. Einige der Behandlungen hätten die Beschwerden der Patienten sicher lindern können. Sie alle auf einmal anzuwenden war zumindest kontraproduktiv, wenn nicht sogar schädlich.

Ob eine Behandlung wirtschaftlich im Sinne des Gesetzes ist, beurteilen die behandelnden Ärzte. Zweifeln die

Krankenkassen an ihren Entscheidungen, dann können sie diese überprüfen lassen. Genau das taten wir. Da das therapeutische Trommelfeuer aus Baden-Württemberg weit über das Ziel hinausschoss, fielen die Gutachten vernichtend aus.

Zugleich begrenzte die KKH bereits bewilligte Maßnahmen auf eine bestimmte Anzahl pro Tag. Zum Erstaunen unserer Ermittler zeigte sich der Arzt Thomas Kleine davon ebenso unbeeindruckt wie von unseren Vorwürfen. Er verordnete zunächst munter weiter Rezept um Rezept, und die Abrechnungen der unverfrorenen Gauner trudelten weiter bei uns ein. Schließlich griffen wir zum härtesten Mittel, über das die Krankenkassen verfügen: den sofortigen Zahlungsstopp. Ab sofort wurden die Forderungen des Therapeuten nicht mehr beglichen.

Als die Machenschaften des kriminellen Trios ruchbar wurden, distanzierten sich der Kurdirektor des Ortes und mit ihm viele regionale Badeärzte und Physiotherapeuten von den Methoden der örtlichen Massagemafia. Inzwischen hatten die Krankenkassen Strafanzeige bei der Staatsanwaltschaft gestellt.

Und dann ging alles ganz schnell: Zunächst folgte ein Haftbefehl gegen Markus Beier, den Physiotherapeuten. Ihn beeindruckte die Untersuchungshaft so sehr, dass er in vollem Umfang auspackte. Danach kam er gegen Kaution frei. Seine Aussagen führten zu weiteren Haftbefehlen gegen Thomas Kleine und die beiden Geschäftsführer des beteiligten Unternehmens. Weil die Beweislage recht eindeutig ist, scheint eine Verurteilung ziemlich sicher zu sein.

In diesem Fall gingen uns ein paar dicke Fische ins Netz, aber der folgende könnte noch weit größere Ausmaße annehmen.

Wenn es stimmt, was ein anonymer Tippgeber uns verraten hat, arbeiten Ärzte und Physiotherapeuten nicht mehr nur lokal oder regional zusammen, um sich Patienten und Geld zuzuschanzen. Nach seiner Auffassung existiert ein bundesweites Syndikat. Anfang 2007 meldete sich der Informant, er arbeitet als Arzt in Norddeutschland. Er wusste von Kollegen, denen physiotherapeutische Gesellschaften Bakschisch zahlten, damit sie Krankengymnastik am Gerät verordneten. Bei den Geldgebern handelte es sich nicht um kleine Einzelpraxen, sondern um beachtliche Wirtschaftsunternehmen, die um größere Marktanteile und Umsätze kämpften. Die Staatsanwälte sind unterrichtet und ermitteln intensiv.

Für ein vollständiges Bild müssen diese Nachforschungen natürlich abgewartet werden. Jedoch lässt sich mit unseren inzwischen gewonnenen Erkenntnissen die Lage ungefähr skizzieren. Offenbar agieren in Deutschland mehrere große Handelsgesellschaften, die sich den Physiotherapeuten als eine Art Franchisegeber anbieten. Sie erbringen selbst keine Leistungen für die Krankenkassen und rechnen folglich auch nicht mit ihnen ab. Ihr Job ist es vielmehr, einträgliche Tauschgeschäfte zwischen Therapeuten und Ärzten einzufädeln.

Das könnte etwa so ablaufen: Wenn ein Patient beispielsweise mit einer Verordnung über Krankengymnastik in eine Praxis kommt, nimmt der Physiotherapeut diese ganz normal entgegen und vereinbart Termine. Hat der Kranke das Geschäft jedoch verlassen, inspiziert der Therapeut die Verordnung noch einmal genau. Er prüft, ob aufgrund der ärztlichen Diagnose außer Krankengymnastik noch andere Heilverfahren verschrieben werden könnten. Nun kommt das Franchiseunternehmen ins Spiel. Es soll so viele Ärzte wie möglich für eine Kooperation gewinnen und sie dazu bewegen, mehr oder teurere Therapien zu verordnen. Als Gegenleistung wird angeboten, die Ehepartner der Mediziner oder andere vertraute Personen als Gesellschafter in die therapeutischen Praxen aufzunehmen. Auf diese Weise werden die Ärzte direkt am Gewinn des Patientenhandels beteiligt, ohne dass den Behörden etwas auffällt.

Dass diese Behandlungen in den seltensten Fällen wirtschaftlich sind, dürfte jedem klar sein. Schließlich sollen sie nur die Taschen der beteiligten Ärzte und Therapeuten füllen. Die Zeche werden letztlich die Versicherten zahlen, und zwar in doppelter Weise: Zum einen könnten sinnlose Therapien ihre Gesundheit gefährden. Zum anderen wird das System finanziell ausgeblutet, und das Geld fehlt am Ende den Kranken, die darauf tatsächlich angewiesen sind.

Es mag den einen oder anderen erschrecken, dass sein Arzt, Masseur oder Krankengymnast möglicherweise Patron einer Betrügerbande ist. Auch unsere Ermittler betreten im Fall der Therapeutenkartelle Neuland. In anderen Feldern des Gesundheitswesens ist das Treiben solcher Syndikate dagegen längst zum Alltag geworden. Im nächsten Kapitel werde ich zeigen, wer die ehrlichen Beitragszahler mit ausgefeilten Methoden jährlich um Millionen Euro beraubt.

Viertes Kapitel

Gut geschmiert ist halb gewonnen

Die Frau am Telefon war verzweifelt. Sie wisse nicht mehr weiter, denn ein Mann erpresse sie. Wenn sie nicht zahle, würde er dafür sorgen, dass ihrem Laden die Kunden wegblieben, ihr Geschäft könne sie dann bald zumachen. Natürlich wolle sie einem Kriminellen kein Geld geben, sagte die Anruferin, aber alle anderen zahlten auch. Diese Frau wurde weder von der Mafia noch von einer Rockerbande bedroht. Sondern von einem Arzt.

Die Anruferin arbeitet als Hörgeräteakustikerin in Bayern. Sie berät ihre Klienten bei der Auswahl eines Hörgeräts, baut es aus verschiedenen Teilen zusammen und hilft Menschen dabei, sich an den kleinen Apparat zu gewöhnen. Damit aber überhaupt Kunden ihr Geschäft betreten, muss ein Hals-Nasen-Ohren-Arzt zunächst ein Rezept für ein Hörgerät ausstellen. Zudem ist der Mediziner verpflichtet, seine Patienten frei wählen zu lassen, zu welchem Akustiker sie gehen möchten. Ein HNO-Arzt drohte nun, genau dies nicht mehr zu tun. Wenn die Akustikerin ihm nicht künftig für jedes von ihm verschriebene Gerät 50 Euro zahle, werde er seine Patienten nur noch an die Konkurrenz vermitteln. Sie habe die freie Wahl. Die Frau erzählte mir, dass alle HNO-Ärzte in dieser Gegend die Akustiker erpressten. Es sei ein regelrechter Sumpf, und sie habe Angst, dass bald auch andere Ärzte Geld von ihr verlangen würden. Ihr war klar, dass solche Forderungen über kurz oder lang ihren Bankrott bedeuten könnten. Andererseits fürchtete sie genauso, dass die HNO-Ärzte aus der Umgebung die Patienten an ihr vorbeischleusen würden.

Dieser Anruf Ende 2002 war meine erste Begegnung mit der Korruption im Gesundheitswesen. Leider blieb es bei diesem einen Gespräch mit der Akustikerin – nie wieder hörte ich etwas von ihr. Wie ich später lernen sollte, ist dieses Schweigen typisch. Zwar wissen viele von korrupten Machenschaften, halten aber lieber den Mund und beschweren sich höchstens anonym. Sie haben Angst, sich in der Branche unmöglich zu machen. Und sie fürchten den wirtschaftlichen Ruin.

Kurz darauf meldete sich ein potenzieller Erpresser, der keiner sein wollte: In einem Brief klagte ein Mediziner, dass ihm Kollegen immer wieder empfahlen, Sanitätshäuser auszunehmen. Diese Geschäfte verkaufen unter anderem orthopädische Schuhe oder Bandagen – oft auf Rezept. «Natürlich kann ich den Patienten so manipulieren, dass er dort hingeht, wo ich es für richtig halte», schreibt der Orthopäde. Er sei allerdings nicht bereit, kranke Menschen wie eine Ware meistbietend zu verkaufen. Andere Ärzte verspotteten ihn deshalb: «Von stolzen Kollegen muss ich mir erzählen lassen, dass diese durch solche Maßnahmen bis zu 2000 Euro im Monat schwarz von Unternehmen erpressen. Dabei wissen die oft selbst nicht mehr, wie sie über die Runden kommen sollen.»

Doch der Arzt schrieb uns auch aus einem konkreten Anlass. Ein Geschäft für orthopädische Hilfsmittel hatte dem Mediziner einen dreisten Vorschlag gemacht. Man bot ihm an, auf den Namen seiner Ehefrau ein Sanitätshaus zu eröffnen, an dessen Umsatz er zu 30 Prozent beteiligt werde. «Es wird immer grotesker», empört sich der Briefschreiber, «dann könnte ich im Rahmen meiner Gier Verordnungen ausstellen, die mein eigenes Einkommen sehr üppig aufpäppeln würden.» Schon in seinem Schreiben gab er uns zu verstehen, dass er seinen Namen leider nicht verraten könne. Er sitze schließlich in der Kassenärztlichen Vereinigung und wolle es sich aus Rücksicht auf seine Familie mit den Kollegen nicht verderben.

Die beiden Fälle zeigen recht deutlich: Wenn Menschen Geldflüsse steuern können, wollen sie nur allzu gerne selbst davon profitieren – indem sie das Geld in eine bestimmte Richtung lenken. Da nimmt es kaum wunder, dass auch im Gesundheitswesen Schmiergelder gezahlt werden.

Dies geschieht vor allem bei Geschäften zwischen Ärzten und den sogenannten Heilhilfsberufen, also spezialisierten Handwerkern wie etwa Akustikern oder Orthopädietechnikern und -schuhmachern. Sie sind darauf angewiesen, dass ein Arzt seinen Patienten per Rezept orthopädische Schuhe oder Hörgeräte verordnet. Dabei ist es den Medizinern nicht nur verboten, den Patienten in der Wahl seines Gesundheitshandwerkers zu beeinflussen. Sie dürfen auch mit der Abgabe der Produkte nicht unmittelbar zu tun haben. Das regeln Verträge zwischen den Krankenkassen und den Gesundheitshandwerkern, die nur wenige Ausnahmen zulassen. Seit 2009 bestimmt dies auch ein Gesetz.

Die strikte Trennung zwischen den Heil- und den Heilhilfsberufen hat eine lange Tradition und einen guten Grund: Der Arzt soll sich bei seiner Arbeit nicht davon leiten lassen, wie er mit seinen Patienten am meisten Geld verdienen kann. Zu viele Mediziner scheren sich allerdings nicht um solche Grundsätze. Sie lenken ihre Patienten gezielt zu bestimmten Anbietern. Und lassen sich gut dafür bezahlen.

Weil viele Mediziner, Praxisangestellte und Handwerker aus Angst lieber schweigen, kommen Korruptionsfälle nur selten ans Licht. Umso erfreulicher ist es, wenn doch einmal ein Insider auspackt: Eine Patientin hörte auf dem linken Ohr nicht mehr so gut und ging deswegen im Februar 2005 zu ihrem HNO-Arzt. Er untersuchte sie, machte einen Test und wollte ihr ein Hörgerät verschreiben. Allerdings stellte der Mediziner eine unverschämte Bedingung: «Er sagte zu mir, er würde mir nur eine Verordnung geben, wenn ich zu zwei bestimmten Akustikern in Bad Homburg ginge», berichtete die Frau später. Sie erwiderte, sie sei mit ihrem alten Akustiker sehr zufrieden. Daraufhin weigerte sich der Arzt, ihr ein Rezept auszustellen.

Die Patientin schäumte vor Wut. Sie wusste, dass der Mediziner im Unrecht war. Weil sie aber das Rezept brauchte, gab sie seiner Forderung zum Schein nach. Als sie die Verordnung in der Hand hielt, ging die Frau zu ihrem alten Akustiker. Ihm erzählte sie von dem Vorfall. Zunächst schwieg der Mann. Dann überraschte er sie mit einem Geständnis: Auch er habe früher ihrem Arzt pro Patient und Hörgerät 50 Euro gezahlt. Zwei Jahre lang sei das so gelaufen. Weil er das krumme Geschäft nicht mehr mit seinem Gewissen vereinbaren konnte, sei er jedoch 2004 aus dem Deal ausgestiegen. Gezahlt hatte der Akustiker aus Angst. Ihm würden die Kunden wegbleiben, hatte der Arzt gedroht. Um das zu verhindern, hatte der Erpresste dem Mediziner fast 8000 Euro zukommen lassen.

Zuerst war die Patientin schockiert. Dann beschloss sie zu handeln und informierte ihre Krankenkasse. Ein Jahr verging, der erpresserische Arzt praktizierte inzwischen munter weiter, da kam eine Rückmeldung: Man habe nichts Auffälliges gefunden, bedanke sich aber für die Mühe.

Die Frau wandte sich nun an die Staatsanwaltschaft in Frankfurt am Main. Sie hatte Glück. In Frankfurt arbeiten Experten, die sich besonders um hochkomplexe Fälle von Betrug und Korruption im Gesundheitssystem kümmern. Sie erwirkten umgehend Durchsuchungsbeschlüsse und ließen in der Arztpraxis alle Patientenunterlagen beschlagnahmen. Da nicht nur die Patientin, sondern auch der Hörgeräteakustiker vor Gericht aussagen will, sind die Frankfurter Ermittler in einer selten komfortablen Lage. Wenigstens in diesem Fall stehen die Chancen nicht schlecht, dass sie das korrupte Verhalten tatsächlich nachweisen können.

Bandagenschwindel

Weil Eingeweihte wie der Hörgeräteakustiker aus Bad Homburg nur äußerst selten ihr Schweigen brechen, müssen wir oft verdeckt vor Ort ermitteln. Zwar bekommen wir viele Hinweise auf ein illegales Zusammenarbeiten von Ärzten und Gesundheitshandwerkern. Aber für die Vorwürfe fehlen in den meisten Fällen die Belege. Größtenteils stammen die Tipps nämlich von unzufriedenen Patienten, die weder Zugang zu ärztlichen Unterlagen haben noch über internes Wissen verfügen. Wenn wir undercover ermitteln, ist meist auch das Fernsehen mit versteckter Kamera dabei. Selbst wenn wir den Ärzten ihre illegalen Praktiken nicht gerichtsfest nachweisen können, so machen wir ihre kriminellen Methoden doch immerhin öffentlich – und warnen auf diese Weise die Patienten.

So saß ich an einem Freitagnachmittag in der Praxis des Orthopäden Markus Schneider in der Nähe von Köln. Wir hatten mehrere Hinweise erhalten, dass dieser Mediziner illegal mit einem Sanitätshaus aus der Gegend zusammenarbeitete. Markus Schneider habe Patienten angeblich schon in der Praxis mit Bandagen und anderen orthopädischen Hilfsmitteln dieses Sanitätshauses versorgt, erzählte uns der Informant. Das ist nur in Ausnahmefällen erlaubt – Verträge zwischen den Ersatzkassen und den Spitzenverbänden der Orthopädietechniker regeln dies sehr genau. Eine solche Ausnahme könnte zum Beispiel ein akuter Notfall sein. Wenn der Patient wegen einer schweren und schmerzhaften Zerrung nicht mehr selbst zum Sanitätshaus laufen kann, muss ihm der Arzt natürlich mit einer Bandage aushelfen. Doch der erwähnte Orthopäde soll den Notfall zum Regelfall gemacht haben. Wenn das stimmte, hatte er nicht nur die Wahlfreiheit seiner Patienten erheblich eingeschränkt. Es war außerdem anzunehmen, dass er sich die Vorzugsbehandlung des Sanitätshauses irgendwie vergüten ließ.

Also täuschte ich Schmerzen in Schulter und Ellbogen vor und betrat die Praxis des Mediziners. An meiner Seite hatte ich einen Fernsehjournalisten, der in seiner Krawatte eine kleine Kamera versteckt trug. Wir gaben uns als Ehepaar aus, mein vorgeblicher Angetrauter war so freundlich, mich zum Arzttermin zu begleiten. Bereits an der Rezeption fielen mir die Visitenkarten der Praxis auf: Auf der Vorderseite standen wie üblich die Daten des Arztes. Und auf der Rückseite durfte ebenjenes Sanitätshaus für sich werben, auf das unsere Informanten hingewiesen hatten.

Kaum wurde ich ins Behandlungszimmer gerufen, stürmte auch schon der Arzt herein. Er tastete kurz meine Schulter und meinen Ellbogen ab und empfahl mir eine stützende Bandage. Ich gab ihm recht – tatsächlich habe mir eine solche Bandage bereits früher sehr geholfen. Leider besäße ich sie aber nicht mehr.

Die Augen des Mediziners leuchteten. Da habe er etwas für mich, rief er und verschwand aus dem Raum. Kurz darauf erschien er mit zwei Bandagen verschiedener Größe. Er drehte und wendete sie und überlegte laut, wie die Dinger wohl anzulegen seien. Dann wählte er eine aus und zerrte sie mir über den Arm – falsch herum. Ein Blick auf die Verpackung hätte genügt, um zu sehen, dass das schmalere Ende der Bandage nach unten gehört. Zum Glück waren meine Schulterprobleme nur vorgetäuscht, sonst hätte ich bei dieser Behandlung wahrlich leiden müssen.

Bevor wir die Praxis verließen, schauten wir uns noch einmal unauffällig um. Wir liefen den Flur entlang und warfen einen Blick in die angrenzenden Räume. Niemand achtete auf uns, die Schwestern waren zu beschäftigt. Wären wir entdeckt worden, hätten wir einfach behauptet, den Ausgang zu suchen. Ein Zimmer fiel uns auf, weil dort Regale bis unter die Decke aufgebaut waren, in denen sich Bandagen und andere orthopädische Hilfsmittel stapelten. Wäre dieser Arzt tatsächlich nur für Notfälle vorbereitet gewesen, hätte er wohl die Gelenkkranken in halb Nordrhein-Westfalen versorgen können.

Wahrscheinlicher ist aber, dass diese sogenannte Depotware die illegalen Nebeneinkünfte des Arztes sicherte. Um seine Bandagen und anderen Hilfsmittel in der Praxis eines Mediziners lagern zu dürfen, zahlt so mancher Sanitätshausbesitzer völlig überteuerte Mieten für den bereitgestellten Raum. Natürlich braucht der Geschäftsbesitzer keinen Lagerraum, davon hat er im eigenen Betrieb mehr als genug. Aber das Depot in der Arztpraxis kurbelt den Umsatz an. Denn als Gegenleistung versorgt der Arzt seine Patienten ausschließlich mit den Hilfsmitteln des Mietzahlers.

Eines macht diese Mietverträge für Gesundheitshandwerker besonders attraktiv: Das Schmiergeld an den Arzt fließt nicht auf dunklen Kanälen, sondern offiziell als Mietzahlung, und der Sanitätshausbesitzer kann es sogar noch steuerlich absetzen. Schließlich dürfen Bestechungsgelder schon seit zehn Jahren nicht mehr direkt als «nützliche Aufwendungen» geltend gemacht werden. Die Ganoven des Gesundheitssystems haben andere Möglichkeiten gefunden, sich ihre kriminellen Geschäfte auch weiterhin vom Steuerzahler subventionieren zu lassen.

Mietverträge sind hierbei noch das simpelste Mittel. Wirklich große Summen lassen sich auf diese Weise nicht verschieben, und wenn ein solches Dokument erst einmal existiert, kann es vor Gericht möglicherweise als Beweis für ein unerlaubtes Depot dienen.

Ein etwas ausgefeilteres Modell ist der sogenannte Beratervertrag. Hier lassen sich höhere Beträge vereinbaren. Die Beratungen durch den Arzt werden gut bezahlt, aber sie finden nie statt. Auch ein bayerisches Sanitätshaus, gegen das seit mehreren Jahren ermittelt wird, hat mit solchen «Kooperationsvereinbarungen» etliche Ärzte an sich gebunden: «Herr Dr. med. Hans Müller steht als Berater für die Firma Musterstrumpf an zwei Nachmittagen pro Woche in seinen Praxisräumen zur Verfügung. Er berät die Firma hinsichtlich auftretender Fragen und Probleme bei orthopädietechnischen und orthopädieschuhtechnischen Versorgungen. Die Firma wird als Partner bei den Beratungen durch einen Orthopädiemechanikermeister vertreten. Herr Dr. med. Hans Müller wird an den Beratungen (außer Urlaub und Abwesenheit aus wichtigem Grund) persönlich teilnehmen. (…) Eine einseitige Kündigung des Vertrages durch die Firma Musterstrumpf wird ausgeschlossen. Herr Dr. med. Hans Müller erstellt uns für seine beratende Tätigkeit eine Auflistung für die erbrachte Leistung jeweils zum Quartalsende, die dann von der Firma Musterstrumpf ausgeglichen wird.»

Es ist schon erstaunlich, dass ein Mediziner mit einer heilkundlichen Ausbildung ein auf Orthopädietechnik spezialisiertes Unternehmen mit entsprechend qualifizierten Mitarbeitern in handwerklichen Fragen beraten soll. Wäre das ernst gemeint, dann wäre es ein Armutszeugnis für das Sanitätshaus. Doch solche Verträge erfüllen nur einen Zweck: Sie verleihen einem schmutzigen Geschäft einen sauberen Anstrich.

In der Zeit unserer verdeckten Ermittlungen gegen Orthopäden wie Markus Schneider meldeten sich bei uns auch mehrere Inhaber von Sanitätshäusern, um über die korrupten Praktiken in der Branche zu sprechen. Ein Mann aus Nordrhein-Westfalen berichtete, ein Arzt habe ihm angeboten, seine Ware in dessen Praxis zu lagern und damit einen Konkurrenten aus dem Geschäft zu drängen: «Es ging darum, ein schon bestehendes Depot durch meines abzulösen, und das für eine höhere Summe. Ich persönlich kenne keine Praxis, die nicht so arbeitet.» Der Insider wusste auch über die üblichen Schmiergeldtarife Bescheid: «Zwischen 500 und 1000 Euro im Monat liegen die meisten Mieten, damit muss man rechnen.»

Mit diesen Zahlungen können sich korrupte Ärzte und Gesundheitshandwerker jedoch im Zweifelsfall verdächtig machen. Deswegen wollen die Mediziner in den meisten Fällen lieber Bares sehen. Der Besitzer eines Sanitätshauses aus Süddeutschland sagte uns bei den Recherchen: «Es gibt Ärzte, das habe ich selbst schon erlebt, die ganz klar Bargeld wollen. Das ist natürlich das Schönste für die. Mir ist nicht ganz klar, warum Ärzte, die ja zum großen Teil der gehobenen Einkommensgruppe angehören, jetzt noch auf den Hunderter angewiesen sind.»

Gleichwohl werden Ärzte nicht nur mit Geld bestochen. Ebenso häufig zahlen Gesundheitshandwerker den Leasingvertrag für das Auto der Ehefrau des Mediziners, leihen ihm auffällig oft das eigene Segelboot, übernehmen das Gehalt einer Sprechstundenhilfe oder richten die Arztpraxis neu ein. Weigert sich der Handwerker, bei diesem kriminellen Spiel mitzumachen, hat die Branche ihre eigenen Methoden, Abweichler zur Räson zu bringen. «Ich wurde selber auf Zahlungen von Geld angesprochen, und als ich das dann nicht getan habe, kamen keine Aufträge mehr», erzählte uns der ehemalige Inhaber eines Sanitätshauses. «Es wird knallhart gesagt, entweder du zahlst, oder wir machen dich fertig.» Trotz vieler solcher Beispiele gilt Korruption noch immer als Straftat ohne Opfer. Denn es gibt nur den Geber und den Nehmer, beide sind Täter. Viele Menschen glauben deshalb, dass solche Praktiken tatsächlich niemandem schaden. Schließlich wird ja den Patienten kein Geld weggenommen. Die könnten sogar von den kriminellen Machenschaften des Arztes profitieren. Was ist bequemer, als direkt in der Praxis versorgt zu werden? Und haben die Orthopädiehandwerker und Hörgeräteakustiker nicht auch Nutzen von solchen Deals? Sie müssen zwar ein wenig draufzahlen, sind dann aber gut im Geschäft. Ab und an mag jemand auf der Strecke bleiben, aber das passiert in anderen Wirtschaftszweigen auch. Wer sind also die Leidtragenden?

Die Antwort ist so banal wie richtig: wir alle. Opfer von Korruption ist immer die gesamte Gesellschaft. Denn die illegal gezahlten Gelder fehlen im Gesundheitssystem. Deutschland ist weltweit die Nummer drei bei den Kosten des Gesundheitswesens, so hat es die Anti-Korruptionsorganisation Transparency International errechnet. «Bei den Leistungen und ihren Ergebnissen für die Gesundheit der Bevölkerung rangieren wir aber nur im Mittelfeld unter den vergleichbaren Industrieländern», heißt es im aktuellen Grundsatzpapier zur Korruption im deutschen Gesundheitswesen. Und weiter: «Durch unwirtschaftliche, verschwenderische und unsaubere Praktiken gehen jedes Jahr Unsummen an

Versichertengeldern verloren.» Experten schätzen, dass aus diesen Gründen überall in Europa zwischen drei und zehn Prozent des Gesundheitsbudgets in dunklen Kanälen verschwinden. Das wären in Deutschland gewaltige Summen, denn hierzulande belaufen sich die Ausgaben im Gesundheitswesen auf insgesamt etwa 167 Milliarden Euro.[1]

Doch das ist nicht alles. Korruption verschlingt nicht nur dringend benötigtes Geld. Sie führt zwangsläufig zu schlechter Qualität und begünstigt Stümperei. Da sich die korrupten Sanitätshäuser mit ihren Schmiergeldern ein Monopol auf bestimmte Patienten sichern, müssen sie sich dem Wettbewerb nicht mehr stellen. Sie können ihren Kunden deshalb minderwertige Ware andrehen. Manche müssen die Qualitätsanforderungen auch herunterfahren, weil ihnen finanzielle Mittel durch das Zahlen der Schmiergelder fehlen.

Zudem setzt Korruption eine verhängnisvolle Spirale in Gang: Wer besticht, bleibt im Geschäft und bootet damit Konkurrenten aus, weil diese nicht zahlen können oder wollen. Müssen die nicht korrupten Geschäfte irgendwann Insolvenz anmelden, wird sich der übriggebliebene Wettbewerber noch weniger darum scheren, was er seinen Kunden verkauft. Auch hier sind die am meisten betroffenen Opfer ganz offensichtlich weder die Ärzte noch die Gesundheitshandwerker, sondern die Patienten.

Deswegen bekommen unsere Ermittler auch unzählige Beschwerden per Post, Telefon oder Mail. «Sorry für die emotionalen Schilderungen, aber ich bin echt sauer», schrieb uns Mitte August 2008 Ingrid Müller und berichtete über die schlampige Zusammenarbeit ihres Arztes mit einem Schuhmacher. Frau Müller wollte sich orthopädische Einlagen für je ein Paar Sommer- und Winterschuhe anfertigen lassen und ließ sich von einem Mediziner untersuchen. Zwar habe dieser ihr das Rezept ausgehändigt, doch den Orthopädieschuhmacher habe sie dennoch nicht selbst wählen können. Der Arzt schickte sie nämlich einfach in einen anderen Raum seiner Praxis, wo bereits ein Handwerker auf sie wartete. Dieser gab ihr nicht nur keine Hinweise, welche ihrer Schuhe zu Hause für Einlagen geeignet sein könnten. Er hielt es auch nicht für nötig, den Sitz der Schuhe zu prüfen, als diese fertig waren. So sah auch das Ergebnis aus: Beide Schuhpaare passten nicht. Sie musste mehrfach in die Praxis kommen und die Schuhe korrigieren lassen. Dennoch sei die Versorgung sehr teuer gewesen, schrieb die Frau, darüber hätten sie allerdings weder der Arzt noch der Handwerker informiert.

Ende Februar 2007 erreichte uns ein anonymer Brief aus der Umgebung von Leipzig, dessen Verfasser gleich bei zwei Ärzten schlechte Erfahrungen gemacht hatte. In einem Krankenhaus einer Nachbarstadt hatte der Briefschreiber orthopädische Schuhe verschrieben bekommen. Nach der Untersuchung gab ihm der Arzt jedoch weder das Rezept, noch entließ er ihn aus seiner Obhut.

Vielmehr eskortierte er seinen Patienten persönlich in das Sanitätshaus neben der Klinik. Als unser Versicherter das Rezept verlangte und zudem erklärte, er wolle dort nicht versorgt werden, wurde der Orthopäde ungemütlich: «Entweder Sie lassen Ihre Schuhe hier fertigen, oder Sie bekommen kein Rezept», blaffte der Mediziner. Das ließ sich der Patient nicht gefallen und ging.

Danach versuchte es der Anonymus noch einmal bei einem neuen Orthopäden in seiner Heimatstadt. Dort wurde er allerdings weder beraten noch ausreichend untersucht. Auch dieser Arzt wollte seinen Patienten persönlich zum nahen Orthopädieschuhmacher führen, der praktischerweise gleich im Keller des Praxisgebäudes arbeitete. Als unser Versicherter erneut die ärztliche Eskorte verweigerte, wurde auch dieser Mediziner laut. Seitdem lässt sich der Briefschreiber nur noch von seinem Hausarzt Rezepte ausstellen.

Selbst Politiker fühlen sich angesichts der korrupten Umtriebe im Gesundheitswesen machtlos. Eine unserer Versicherten beschwerte sich per Mail darüber, dass ein Arzt ihr eine Rückenbandage und ein sogenanntes Tensgerät zur elektrischen Stimulation der Muskeln verschrieben habe – sie sei aber weder eingehend untersucht noch beraten worden. Bereits in der Praxis habe sie moniert, dass ihr die Bandage stark in den Bauch drücke. Eine Schwester habe ihr jedoch gesagt, das sei schon in Ordnung. Danach sollte eine andere Arzthelferin ihr das Tensgerät erklären. Statt fachlicher Hilfe bekam unsere Versicherte aber nur den Tipp zu hören, sie solle das Gerät einfach «aufdrehen, bis es kribbelt». Erst als die Frau in ein nahes Sanitätshaus ging, wurde ihr gesagt, sie habe leider eine falsche Rückenbandage bekommen. Der Inhaber des Geschäfts wollte aber nicht, dass die Patientin dies ihrem Arzt weitersagte. Er hatte Angst, «sonst Probleme mit Dr. E. und Dr. M.» zu bekommen, schreibt die Frau. Wenigstens zeigte er ihr, wie man das Stimulationsgerät richtig benutzt.

Offenkundig war die Mailschreiberin kein Einzelfall. Mehrere ihrer Bekannten hätten ebenfalls Probleme mit dieser Arztpraxis gehabt, schrieb sie. Auch im Fall eines Freundes habe der Besitzer eines Sanitätshauses diesen gebeten, den Ärzten nichts von seinen Hinweisen zu sagen. Auch er fürchtete Ärger.

Gegen die robusten Methoden der Mediziner wagt offenbar niemand aufzubegehren – auch unsere Versicherte nicht. Sie ist chronisch krank und ist von der Behandlung der Orthopäden abhängig. Deshalb bat sie ihren Nachbarn, einen Bundestagsabgeordneten, um Hilfe. Er könne da auch nicht viel ausrichten, war seine Antwort, und verwies sie an unsere Ermittler. Vor der Macht der Ärzte kapituliert offenbar selbst die Politik.

Alle diese Beispiele zeigen, dass Korruption fast immer in Schlamperei mündet. Im schlimmsten Fall werden Patienten sogar völlig unnötige Behandlungen verabreicht.

Siegfried Groß staunte. Nachdem er zehn Minuten im Wartezimmer gesessen hatte, schaute die Ärztin ihm nur einmal kurz in sein linkes und sein rechtes Ohr. Danach warf sie noch einen Blick in Mund und Nase, und die Diagnose stand fest: Herr Groß brauche wohl ein Hörgerät. Diesem kam das merkwürdig vor. Draußen im Warteraum war ihm schon ein interessantes Schild aufgefallen: «Diese Praxis kann sie mit Markenhörgeräten versorgen – Wir beraten sie gerne.» Eigentlich durfte ein Arzt niemanden mit Hörgeräten versorgen. Weil er schon länger schwerhörig war, kannte Siegfried Groß die entsprechenden Regeln genau. Was wurde hier gespielt? Am Ende hat Herr Groß kein Hörgerät bekommen. Er besitzt schon eines, mit dem er sehr zufrieden ist. An jenem warmen Maimorgen im Jahr 2008 war der Hörgeschädigte als Testkäufer unterwegs – im Auftrag einer Detektei. Die seltsamen Praktiken der HNO-Ärztin waren zu auffällig geworden. Wenig später sollte sie vor Gericht stehen.

Der eigentliche Auftraggeber von Siegfried Groß war ein Unternehmensberater, der fast ausschließlich mit Hörgeräteakustikern zusammenarbeitet. Er verfolgt die schwarzen Schafe in der Branche. Um diese zu finden, heuert er private Ermittler und Testkäufer an. Des Öfteren ruft er auch unter falschem Namen bei verdächtigen Akustikern und Ärzten an.

Als er mir im Juni 2008 eine Mail schrieb und von der verdächtigen HNO-Ärztin berichtete, erinnerte ich mich sofort an ihren Namen. Auch wir hatten die Frau schon länger im Visier. Verschiedene Krankenkassen hatten die Medizinerin in Verdacht, ihren Patienten Hörgeräte zu verschreiben, obwohl diese gar keine benötigten. Mit ihren Rezepten landeten die Patienten dabei fast immer beim Akustiker Anton Baum. Sein Geschäft gab nach unseren Recherchen zu dieser Zeit etwa 900 Hörgeräte pro Jahr an Kunden ab. Im Durchschnitt bringt es ein Akustiker im Jahr etwa auf 200 bis 250 Apparate. Fast ausschließlich rüstete Baum seine Kunden mit Geräten aus, deren Kosten die Krankenkassen komplett übernehmen. Deshalb fragten die Versicherten hier auch nicht so entschieden nach. Dass die Patienten der Ärztin so oft im Betrieb von Anton Baum landeten, liegt an ihrem speziellen Verhältnis: Sie sind Mutter und Sohn.

Selten wird korruptes Verhalten so deutlich wie in diesem Fall. Deshalb erhob die Stuttgarter Staatsanwaltschaft im September 2008 wegen des Hörgerätebetrugs Anklage gegen das Paar. Außerdem warfen die Strafverfolger der Ärztin noch ein weiteres einträgliches Vergehen vor: Neben den üblichen Behandlungsmethoden bot sie in ihrer Praxis auch Akupunktur an. Über 600 Sitzungen rechnete sie mit den Krankenkassen ab. Die Hälfte davon soll sie jedoch erfunden haben. Seit März 2009 steht die Hals-Nasen-Ohren-Ärztin gemeinsam mit ihrem Sohn vor Gericht.

Leider sind die meisten Fälle nicht so eindeutig. Und selbst wenn die Ermittler über recht klare Hinweise verfügen, lassen sich korrupte Methoden oft nur schwer beweisen. Bei der Korruption spricht man auch deshalb von einem opferlosen Delikt, weil das Opfer oft gar nicht merkt, dass es ein Opfer ist. Patienten und Krankenkassen bekommen nur die Konsequenzen zu spüren, etwa eine schlechtere Behandlung oder Qualität. Genau das macht eine Verfolgung so verzwickt: Korrupte Kartelle schotten sich effektiv gegenüber der Außenwelt ab, die Geldflüsse sind kaum zu beweisen, und die Beteiligten haben in aller Regel kein Interesse an einer Aussage.

Entsprechend düster klingt es, wenn der Korruptionsexperte Ulrich Busch über seinen Job spricht. Der hessische Oberstaatsanwalt, der auch im Siemens-Skandal ermittelt, hat sich als Leiter einer Spezialeinheit den Straftaten im Gesundheitssystem gewidmet. Bei diesen Delikten geht Busch von einer «hohen Dunkelziffer» aus. Die Ermittlungen seien schwierig, weil die Kassen zwar dem normalen Abrechnungsbetrüger inzwischen häufig auf die Schliche kämen, den verborgenen Kleinsyndikaten im Gesundheitssystem dagegen nur selten. Damit fiele es auch seinen Ermittlern schwer, an Beweismaterial oder überhaupt erst einmal an Hinweise auf Vetternwirtschaft und Bestechung zu gelangen. Die illegalen Praktiken «haben sich über Jahrzehnte eingebürgert», ohne verfolgt worden zu sein, meint Busch.[2] Und der Chefermittler ist überzeugt, dass sich in nächster Zeit daran nicht allzu viel ändert.

In der Tat können sich korrupte Mediziner derzeit recht sicher fühlen. Der Orthopäde, bei dem ich verdeckt ermittelte, wurde überhaupt nicht behelligt. Das Sanitätshaus kam davon, indem es lediglich eine Vertragsstrafe über 25 000 Euro an die Krankenkassen zahlte. Leider landete dieser Fall nicht beim Staatsanwalt, sondern nur in einem sogenannten Vertragsausschuss – ein solches Gremium, das zu gleichen Teilen mit Vertretern von Innung und Krankenkassen besetzt ist, untersucht etwa, ob ein Gesundheitshandwerker unzulässig mit einem Mediziner zusammenarbeitet und auf diese Weise den Vertrag mit den Krankenkassen verletzt hat.

Nicht selten reicht es schon, dass der Sünder sich bußfertig gibt und von sich aus die Zahlung von Schadensersatz anbietet. Auch das Sanitätshaus aus meinem Undercover-Fall ließ ein wenig Bares springen und kam so davon.

Spritzige Geschäfte

Glatte Haut. Frei sein von Falten. Jugend bis ins hohe Alter – das erhofften sich die Patienten einer Ärztin in Hamburg. Und die half ihnen gerne. Botulinumtoxin heißt das Mittel, das jedes Gesicht glättet. Besser bekannt ist der Wirkstoff unter dem Namen eines Präparats, in dem er enthalten ist: Botox. In den USA gibt es Partys, bei denen sich Frauen das starke Nervengift in die Problemzonen spritzen lassen. Seine lähmende Wirkung macht fast jedes Gesicht faltenfrei.

Je nach Dosis hält die Wirkung mehrere Wochen bis Monate an. Doch die Behandlung ist teuer. Eine nur wenige Milliliter fassende Ampulle des Mittels Xeomin kostet etwa 350 Euro, die anderen in Deutschland zugelassenen Medikamente sind ähnlich teuer. Und für eine Anti-Falten-Therapie zahlen die Krankenkassen nicht. Für einige der Patientinnen kam eine Behandlung deshalb nicht in Frage. Doch die Ärztin wusste Abhilfe.

Mit dem Antifaltenmittel behandeln Mediziner nämlich auch unwillkürliche Zuckungen, Bewegungsstörungen und Krämpfe. Und in solchen Fällen bezahlen die Krankenkassen die Behandlung sehr wohl. Die geschäftstüchtige Ärztin wusste: Wenn sie also das Medikament wegen Krämpfen verschreiben würde, wäre das ein perfekter Deal. Jedenfalls fast. Denn das Rezept müsste immer noch von einem Apotheker abgerechnet werden. Und dem könnten die großen Mengen Botox, welche die Ärztin brauchte, auffallen. Doch für dieses Problem hatte die Medizinerin bereits eine Idee parat.

Wenn sie alle oder doch zumindest die Mehrzahl der Rezepte für das teure Medikament an eine bestimmte Apotheke delegierte, wäre das für beide Seiten ein lukrativer Handel. Allzu genaue Nachfragen gäbe es dann sicherlich nicht. Die Medizinerin hatte diese Methode schon einmal mit einem Apotheker aus Berlin praktiziert. Dann war die Sache aufgeflogen, und die Krankenkassen hatten sich geweigert, die Botox-Verordnungen des Apothekers zu bezahlen. Dagegen war dieser vor Gericht gezogen und hatte verloren. Die Ärztin selbst wurde gar nicht belangt.

Sie hatte auch schon eine neue Partnerin im Blick. Ganz in der Nähe arbeitete eine Apothekerin, mit der sie glaubte ein solches Geschäft durchziehen zu können. Natürlich verbietet das Apothekergesetz unzulässige Absprachen zwischen einem Mediziner und einem Pharmazeuten, ebenso wie zwischen Ärzten und Akustikern. Aber das Geld lockte, und bald florierte der Handel mit dem Schönheitsgift.

Die Apothekerin belieferte nicht nur die Ärztin mit Botox und ähnlichen Präparaten. Auch der Neurologe einer Klinik orderte bei ihr. Schon länger ermittelten die Krankenkassen gegen die Apothekerin, sie hatten die Pharmazeutin mehrfach auf ihr Fehlverhalten hingewiesen. Dennoch machte sie noch eine Weile weiter und verdiente auf diese Weise etwa 150 000 Euro. Deshalb wurde sie vor den Vertragsausschuss zitiert.

Im März 2007 verhandelte der Ausschuss über die Apothekerin. Als diese, von zwei Rechtsanwälten flankiert, befragt wurde, stritt sie jedes Fehlverhalten rundweg ab. Brüskiert verlangten einige Ausschussmitglieder eine Strafanzeige. Andere forderten zudem eine Klage beim Sozialgericht, um die falsch abgerechneten Beträge wieder hereinzuholen. Für die Apothekerin sah es nicht gut aus.

Das Blatt wendete sich, als der Pharmazeut im Ausschuss anbot, noch einmal mit der unverständigen Kollegin zu sprechen. Fast eine halbe Stunde lang unterhielt sich der Mann in einem anderen Zimmer mit der Betrügerin. Er kam mit einem Angebot zurück: Die Pharmazeutin wolle einen Vergleich. Sie biete an, 50 000 Euro an die Krankenkassen zu zahlen. Auch eine Verwarnung des Ausschusses würde sie in Kauf nehmen. Augenblicklich waren die aufgebrachten Gemüter besänftigt. Jeder Wunsch, die Frau härter zu belangen, hatte sich offenbar verflüchtigt. Jedenfalls nahm der Ausschuss diesen Vorschlag einstimmig an, sämtliche Ansprüche der Krankenkassen waren damit abgegolten. Die Apothekerin war noch einmal glimpflich davongekommen.

Nicht nur bei der Bestrafung der Täter durch die Krankenkassen liegt manches im Argen. Es ist vor allem die Justiz, welche mit allzu leicht eingestellten Verfahren und milden Strafen für die Sünder in Weiß die falschen Signale setzt. Die Gründe dafür sind so einfach wie ernüchternd: Zum einen haben die vielfach überlasteten Staatsanwaltschaften oft weder die Kapazität noch die fachliche Kompetenz, sich neben ihren anderen Fällen auch noch den komplexen Straftaten im Gesundheitssystem zu widmen. Ähnliches gilt auch für die häufig überforderten Gerichte.

Zum anderen zweifeln viele Staatsanwälte an, dass freiberufliche Ärzte überhaupt wegen Korruption belangt werden können. Klingt absurd? Ist es auch. Aber der Paragraph 299 des Strafgesetzbuches wurde offenbar nicht eindeutig genug formuliert. Er regelt, was im geschäftlichen Verkehr als Bestechlichkeit und Bestechung gilt. Damit wollte der Gesetzgeber erreichen, dass nicht nur Beamte oder Angestellte im öffentlichen Dienst wegen Korruption bestraft werden können, sondern auch Arbeitnehmer in der freien Wirtschaft. Was gut gedacht war, wurde jedoch schlecht gemacht.

Während sich Ärzte in einem Krankenhaus in öffentlicher Trägerschaft wegen Korruption als Amtsträger und damit nach einer anderen Vorschrift strafbar machen können, wenn sie sich beispielsweise schmieren lassen, gilt das keineswegs auch für niedergelassene Vertragsärzte.

Denn damit jemand wegen Korruption belangt werden kann, muss er laut Strafgesetzbuch entweder Angestellter oder ein sogenannter Beauftragter eines geschäftlichen Betriebes sein. Wenn der Mediziner in einem privaten Krankenhaus tätig ist, wird er als Angestellter eines geschäftlichen Betriebes bestochen, und die Justiz ahndet dies auch. Aber was ist nun mit dem niedergelassenen Arzt? Er ist Freiberufler und damit kein Angestellter. Er müsste also als Beauftragter der Krankenkasse angesehen werden.

Weil viele Rechtsexperten eine solche Auffassung ablehnen, ziehen auch die meisten Staatsanwälte an diesem Punkt nicht mit. Es ist zu verlockend, ein komplexes Verfahren unter Hinweis auf die sogenannte herrschende Meinung gar nicht erst aufzunehmen. Ein Strafgericht konnte demzufolge bisher noch nicht über einen solchen Fall entscheiden. Diese Praxis führt zu zweierlei Maß in der Justiz: Niedergelassene Ärzte bleiben bei Korruptionsverdacht unbehelligt, für den Krankenhausärzte ins Gefängnis wandern können. Dieser bizarren Auffassung von Recht und Unrecht widersprechen einzelne Juristen und auch die Krankenkassen vehement. Selbst aus dem Bundesjustizministerium war zu hören, dass es kein Problem in der Anwendung dieses Paragraphen auf freiberufliche Ärzte sehe. Genützt hat dies bisher wenig.

Zur Kungelei zwischen Ärzten und Gesundheitshandwerkern hat unter anderem der Bundesgerichtshof festgestellt, dass der Vergütungsanspruch für so erzielte Umsätze im Nachhinein entfällt. Im Klartext heißt dies, die Krankenkassen können – wenn sie den Betrügern auf die Schliche kommen – sämtliche Zahlungen zurückfordern, obwohl die Patienten ja versorgt wurden. Die deutliche Begründung der Richter lautete: «Der Patient soll darauf vertrauen können, dass sich der Arzt nicht von kommerziellen Interessen, sondern ausschließlich von medizinischen Notwendigkeiten leiten lässt.» Staatsanwälte und Richter, die die Gesundheitsgangster ernsthaft verfolgen wollen, berufen sich auf diese Urteile und nutzen sie. Doch viele Staatsanwälte tun leider so, als gäbe es die Entscheidungen gar nicht.

In einem meiner ersten Fälle dieser Art ging es um einen Venenspezialisten aus Hannover, der seine Patienten ausschließlich mit Kompressionsstrümpfen von einem Sanitätshaus in Bayern versorgte. Zunächst fiel nur auf, dass das Sanitätshaus im großen Stil Strümpfe von hannoverschen Patienten abrechnete. Das war merkwürdig. Warum sollte jemand 500 Kilometer fahren, um sich Stützstrümpfe zu kaufen? Warum gingen die Patienten mit ihren Rezepten nicht einfach zu einem Sanitätshaus in Hannover? Das roch nach Filz. Wir sammelten Belege für die bayerisch-hannoversche Vetternwirtschaft, dann erstattete ich Anzeige wegen Betruges.

Den Korruptionsverdacht erwähnte ich nur nebenbei, weil sich dieser – wie so oft – nicht durch Beweise erhärten ließ. Kurz darauf erhob die zuständige Staatsanwältin Anklage – damals wusste ich noch nicht, dass dieses strikte Vorgehen einem Wunder gleichkam. Der Strafrichter ließ das Verfahren jedoch sofort ruhen – er will erst den Ausgang des Schadenersatzprozesses abwarten.

Denn das Sanitätshaus wollte uns das für die Strümpfe gezahlte Geld nicht erstatten, sodass wir deshalb vor Gericht zogen. Die Verhandlung war eine Zumutung. Offenbar war dem Richter die Akte zu umfangreich: «Sie glauben doch nicht im Ernst, dass ich das alles gelesen habe?», polterte er. Zudem fand er es ungerecht, dass wir nicht für das

Geschäft der Hannover-Bayern-Connection zahlen wollten: «Da hätten es die Krankenkassen ja gut, wenn sie immer alles zurückfordern könnten. Das wäre ja leicht verdientes Geld!» Ich versuchte ihm die Strafbarkeit des Strumpfgeschäfts zu erklären und musste mich erneut anraunzen lassen: «Na, wenn Sie das alles für so strafbar halten, warum haben Sie dann keine Strafanzeige erstattet?» Hätte er die Akte gelesen, wäre ihm aufgefallen, dass dies längst geschehen war. Der Prozess dauert bis heute an.

Solche Richter sind sicher ein Ärgernis. Noch frustrierender ist es aber, wenn wir es mit Staatsanwälten zu tun bekommen, die offenbar eher ihre Aufgabe darin sehen, Verfahren einzustellen, statt Korruption wirksam zu verfolgen.

So erging es uns auch in einem großen Fall in Norddeutschland: Mehrere Krankenkassen waren Orthopäden auf die Schliche gekommen, die mit einem großen Sanitätshaus zusammenarbeiteten. Wie wir später herausfanden, hatten die Ärzte Hunderten von Patienten die Schuheinlagen des Sanitätshauses aufgeschwatzt – oft war die Ware von schlechter Qualität. Nach jahrelangen Nachforschungen zeigten wir das Unternehmen an, und die Staatsanwaltschaft begann im Mai 2006 ihrerseits zu ermitteln.

Obwohl wir die Behörde in den folgenden Monaten mit immer neuen Hinweisen versorgten, hatte diese offensichtlich keine allzu große Freude an dem Verfahren. In ein paar dürren Sätzen schrieb uns ein Oberamtsanwalt im Januar 2007, der Fall werde eingestellt, weil sich die Vorwürfe nicht belegen ließen. An diesem Vorgehen kam uns einiges merkwürdig vor. Die Strafverfolger hatten beispielsweise nur gegen zwei Ärzte ermittelt, obwohl wir fünf verdächtige Praxen benannt hatten. Wir legten Beschwerde ein, und im Juni ermittelte die Behörde wieder. Sie gab uns sogar den Auftrag zu einer großen Mitgliederbefragung.

Was dabei herauskam, war selbst für uns schwer zu glauben: Nicht nur fünf, sondern fünfundzwanzig Praxen arbeiteten laut den Hinweisen unserer Versicherten mit unsauberen Mitteln. Trotzdem stellte die Behörde das Verfahren im Dezember 2007 erneut ein. Dieses Mal war die Begründung noch absurder: Es bestehe kein ausreichender Anfangsverdacht für eine Straftat. Erstens gebe es keine Unterlagen, welche die Korruption gerichtsfest belegen würden. Zweitens hätten alle Patienten ihre Strümpfe, Bandagen oder Korsette erhalten. Wer damit nicht zufrieden sei, müsse sich eben selbst um Nachbesserungen kümmern.

Das war ein starkes Stück. Selbstverständlich hatten wir keine Beweise dafür, dass das Sanitätshaus die Ärzte bestach. Die zu beschaffen ist schließlich Aufgabe einer Staatsanwaltschaft – etwa mit einer Durchsuchung der Praxen und des Sanitätshauses. Außerdem war es völlig egal, ob die Patienten tatsächlich die Bandagen oder Schuhe erhielten. Denn hier lag offenbar ein Betrug vor – und zwar massenhaft. Das verdächtige Sanitätshaus hatte sich ein Netzwerk williger Verteiler in Norddeutschland geschaffen. Wir legten ein zweites Mal Beschwerde ein. Abermals waren wir erfolgreich. Im Februar 2008 nahm die Staatsanwaltschaft die Ermittlungen wieder auf.

Unsere Hartnäckigkeit zahlte sich dann doch noch aus. Bald durchsuchten Beamte des Landeskriminalamtes die Geschäftsräume des verdächtigen Sanitätshauses. Außerdem ermittelt die Polizei gegen nicht weniger als sechsundzwan-

137

zig Ärzte. Vielleicht wird dem norddeutschen Orthopädie-kartell letztlich doch noch das Handwerk gelegt.

Weil wir solche Erfahrungen leider viel zu oft machen, ruhen meine Hoffnungen vor allem auf innovativen, meist jungen Staatsanwälten. Diese neue Generation der Strafverfolger ist offenbar eher bereit, die wirklichen Dimensionen und Hintergründe von Korruption made in Germany zu erkennen. Sie wissen auch, welch riesiger Schaden der Gesellschaft dadurch langfristig droht. Deshalb warten sie nicht darauf, dass ihnen die Beweise zufliegen. Sie werden selbst aktiv. Anders lässt sich der Kampf gegen die Korruption nicht gewinnen.

Fünftes Kapitel

Tatort Krankenhaus

Mit gewaltigem Getöse wälzte sich die Schlange auf das Brandenburger Tor zu. Demonstranten mit Operationsmasken vor dem Mund oder in weißer Schwesternkleidung, dazu Transparente, Trillerpfeifen, mannshohe Krankenhäuser aus Pappe – etwa 130 000 Ärzte, Pflegekräfte und Verwaltungsangestellte forderten im September 2008 mehr Geld für die Krankenhäuser, innerhalb eines Jahres sieben Milliarden Euro zusätzlich. Wenn die Bundesregierung das Geld nicht auftreibe, drohe der Zusammenbruch der medizinischen Versorgung. Es war die größte Demonstration von Klinikmitarbeitern in der Geschichte der Bundesrepublik.

Auch wenn das Szenario sicher übertrieben ist – die deutschen Hospitäler stehen tatsächlich unter großem wirtschaftlichem Druck. Seit 1991 wurde fast ein Viertel aller Betten abgebaut und jede achte Klinik geschlossen oder mit einer anderen Einrichtung zusammengelegt. Etwa ein Drittel der 2100 Krankenhäuser ist inzwischen in privater Hand. Weil die Budgets von der Politik gedeckelt werden, fehlten den Kliniken allein 2008 rund 1,3 bis zwei Milliarden Euro.

Staatliche Hospitäler sind zumeist in größeren Schwierigkeiten als die inzwischen sechshundert Privatkrankenhäuser, kleine Häuser anfälliger als große.[1] Die ökonomische Lage vieler Kliniken werde sich weiter verschlechtern, sagen die Wirtschaftsforscher voraus. Schuld daran seien steigende Tariflöhne, zudem stiegen die Kosten für Nahrungsmittel und Energie. Überdies sei mehr Personal nötig, weil die Deutschen immer älter würden und damit das Risiko von mehrfachen Erkrankungen zunehme. Jedes zweite Hospital arbeitet demnach mit Verlust. Und etwa ein Drittel der Krankenhäuser könnte bald in Insolvenz gehen.[2] Den Markt beherrschen also existenzielle Fragen. Auch eine Klinik in Niedersachsen kämpfte mit solchen Schwierigkeiten – zu wenig Patienten und zu wenig Geld. Doch ein Arzt wusste, wie man die leeren Betten füllen konnte.

Johannes Meißner bekam sie alle: Ob Patienten mit Lungenentzündung, Gelenkschmerzen, Herz-Rhythmus-Störungen oder Gastritis – seine Betten waren immer gut belegt. Zwar waren die Patienten nur von Zecken gebissen worden, und bei fachkundiger Behandlung hätten ihre Beschwerden schon nach einigen Tagen vorüber sein können. Doch mit ambulant behandelten, schnell genesenden Kranken verdienten weder die Klinik noch er genug Geld. Also musste sich Johannes Meißner etwas einfallen lassen. Der Internist fälschte die Diagnosen. Oder besser gesagt, er ließ fälschen. Seine Mitarbeiter und Komplizen im Krankenhaus erledigten das riskante Geschäft für ihn.

Sein wertvollster Helfer war eine spezielle Krankheit – Borreliose. Ihre Erreger werden durch Zeckenbisse auf den

Menschen übertragen. Einmal im Blut, peinigen die Bakterien die Betroffenen auf verschiedenste Weise – Gelenkschmerzen, Durchfall oder chronische Erschöpfung. Oft kommen viele dieser Symptome zusammen. Das nutzte Johannes Meißner aus.

Er war Belegarzt in jener Klinik. Wenn Patienten wegen der Zeckenkrankheit dort eingewiesen wurden, handelten die Mitarbeiter nach einer internen Anweisung: Auf keinen Fall durfte Borreliose als Diagnose auftauchen. Stattdessen sollten mindestens fünf der vielen Nebensymptome dokumentiert werden – mit diesen Diagnosen ließen sich die Patienten viel länger im Krankenhaus festhalten.

Denn normalerweise ist die Krankheit mit Antibiotika sehr gut ambulant zu behandeln. Die Krankenkassen zahlen bei stationären Borreliose-Behandlungen grundsätzlich nur die Kosten für drei Tage. Soll ein Patient länger stationär therapiert werden, muss dies der Medizinische Dienst prüfen. Für einen Klinikaufenthalt kommen in der Regel nur besonders schwere oder chronische Fälle in Frage. Mit seinem Diagnosetrick hebelte Johannes Meißner diese Kontrolle aus.

Davon profitierten sowohl der Doktor als auch das Hospital. Meißner war niedergelassener Arzt mit eigener Praxis. Als Belegarzt darf er seine Patienten aber auch in sogenannten Belegarzt-Betten eines Krankenhauses behandeln. Zumeist arbeiten diese Ärzte in kleineren oder weniger gut ausgestatteten Krankenhäusern, denen es in einigen Bereichen an medizinischen Spezialisten mangelt. Mit einem Belegarzt sind diese Häuser trotzdem in der Lage, einen gewissen Standard medizinischer Versorgung zu gewährleisten. Durch den

Borreliose-Betrug konnten Johannes Meißner und die Klinik viele unnötige Krankenhausaufenthalte abrechnen. Wie das funktionierte, zeigt das Beispiel von Elke Zimmermann. Ihr Hausarzt stellte Borreliose im zweiten Stadium fest und verordnete seiner Patientin eine Antibiotika-Behandlung. Dafür überwies er sie ins Krankenhaus. Als Elke Zimmermann dort ankam, schrieben die Mitarbeiter die obligatorische Aufnahmeanzeige. Wie mit Johannes Meißner verabredet, bogen sie den Befund zurecht: Borreliose tauchte als Hauptdiagnose nicht mehr auf. Stattdessen stand dort unter anderem Folgendes: Entzündung der Herzinnenhaut, krankhafte Erweiterung der Hauptschlagader, verminderte Pumpfunktion des Herzens, Herzrhythmusstörungen und Gelenkschmerzen.

Angesichts dieser Schreckensliste blieb uns gar nichts anderes übrig, als einen längeren Klinikaufenthalt zu bezahlen. Die ursprüngliche Diagnose des Hausarztes wurde verschwiegen. Eigentlich sollen die Kliniken selbst prüfen, ob es sinnvoll ist, einen Patienten aufzunehmen. Durch den Komplott mit der Klinik konnte der Borreliose-Papst diese Kontrolle jedoch mühelos ausschalten.

Oft war Johannes Meißner noch nicht einmal darauf angewiesen, dass ihm andere Ärzte ihre Patienten schickten. Wenn Borreliosekranke direkt in seine Praxis kamen, konnte er schon die erste Diagnose ausschmücken und die Infizierten gleich selbst in die Klinik einweisen. Das hatte einen großen Vorteil: Selbst wenn jemand im Nachhinein die Papiere des Patienten prüfen würde, fielen keine Unstimmigkeiten zwischen der Diagnose des Praxisarztes und des Krankenhauses auf. Da Johannes Meißner weithin als Koryphäe in

Sachen Zeckenbiss galt, mangelte es ihm nie an Patienten. Dem Krankenhaus auch nicht.

Elke Zimmermann musste zwei Wochen im Krankenhaus bleiben. Während dieser Zeit bekam sie gelegentlich ein paar Infusionen. Viel mehr geschah nicht. Als wir den Fall prüfen ließen, kam der Gutachter zu einem selten eindeutigen Schluss: Eine stationäre Aufnahme sei unter keinem medizinischen Gesichtspunkt notwendig gewesen. Elke Zimmermann hatte völlig umsonst in der Klinik gelegen. Gleiches gilt für alle anderen Fälle, die untersucht wurden: Insgesamt hat das unheilvolle Gespann aus Zecken-Baron und Klinik eine fünf- oder sogar sechsstellige Summe ergaunert.

Weder Johannes Meißner noch Verantwortliche des Krankenhauses wurden deswegen verurteilt. Dass der Internist im Januar 2009 dennoch eine zweijährige Bewährungsstrafe erhielt, hatte er allein seinem verschwenderischen Lebensstil zu verdanken. Als seine kriminellen Geschäfte noch gut liefen, beschäftigte der Borreliose-Spezialist bis zu fünfzig Angestellte und zehn Ärzte. Er besaß eine Villa mit Schwimmhalle und eine Cessna, ebenso fünf Luxusautos. Dieses Leben wollte er selbst dann nicht aufgeben, als ihm das Krankenhaus den Belegarztvertrag kündigte. Am Ende saß er auf über 2,4 Millionen Euro Schulden. Ständig ging er neue Geschäfte ein, obwohl er wusste, dass ihn das ruinieren würde.

Der Borreliose-Betrug wäre wohl lange nicht aufgeflogen, wenn sich nicht ein Assistenzarzt der Klinik gegen Meißner gestellt hätte. Zuerst machte der junge Kollege bei den Manipulationen noch mit, aber bald weigerte er sich, die Diagnosen zu fälschen. Als die Patientenhehlerei munter weiterging, verständigte der abtrünnige Mediziner die Krankenkassen. Die Ermittlungen gegen die Verantwortlichen des Krankenhauses sind noch nicht abgeschlossen. Die Verteidigungsstrategie der Klinikchefs ist dabei klar: Meißner soll als Sündenbock herhalten, die anderen Ärzte und die Krankenhausverwaltung geben sich ahnungslos. Ob überhaupt jemand für diese groß angelegte Täuschung bestraft wird, steht in den Sternen.

Durch ihre exklusive Rolle haben Belegärzte besondere Möglichkeiten zu betrügen, wovon zugleich auch die Krankenhäuser profitieren können. Beliebt ist das doppelte Abrechnen von Behandlungen vor und nach Operationen. Wenn beispielsweise ein niedergelassener Hals-Nasen-Ohren-Arzt in einem Krankenhaus mit Belegbetten Nasenbrüche operiert, muss er sich mit dem Hospital einigen, wer die Vor- und Nachbehandlung durchführt und abrechnen darf. Will der Mediziner den Job machen und das Geld dafür einstecken, muss er dies seiner Kassenärztlichen Vereinigung mitteilen und zugleich erklären, dass die Klinik nicht abrechnen wird.

Allzu oft kassieren aber beide. Verhindern lässt sich das nur schwer. Das Krankenhaus rechnet direkt mit den Krankenkassen ab, die Rechnungen der Ärzte werden bei den Kassenärztlichen Vereinigungen eingereicht. Die Krankenkasse erfährt erst bis zu neun Monaten nach der Quartalsabrechnung davon. Ein Abgleich ist also nur sehr spät möglich und gehört auch nicht zu den Routinekontrollen.

Der Betrug in Krankenhäusern beschränkt sich aber nicht nur auf Belegärzte. Auch die angestellten Krankenhausärzte bringen eine Menge Phantasie auf, um die Klinik aus den roten Zahlen zu bringen oder einfach die Ergebnisse zu verbessern. Eine beliebte Methode ist das Verkomplizieren von Operationen. Dabei versuchen Ärzte mehr abzukassieren, als sie geleistet haben.

Anfang 2006 bekamen wir einen Anruf von der Kriminalpolizei einer süddeutschen Großstadt. Die Beamten ermittelten gegen ein Krankenhaus, in dem seltsame Dinge vorgingen: Angeblich wechselten die Ärzte dort schadhafte Hüftgelenke komplett durch neue aus. So rechnete die Klinik jedenfalls ab. In den Operationsberichten las sich das ganz anders: Mal wurde der Schaft nicht ausgetauscht, mal blieb sogar die alte Hüftpfanne drin. Während die Patienten also weiterhin mit abgenutzten Prothesen herumliefen, kassierte die Klinik kräftig ab. Zunächst konnte unsere Abteilung allerdings nichts tun. Weil wir die laufenden Ermittlungen nicht gefährden durften, war es undenkbar, dass wir die verantwortlichen Mediziner in die Mangel nahmen.

Derweil ließen wir die Operationen an vier unserer Versicherten überprüfen. Insgesamt hatte die Klinik 40 000 Euro dafür eingestrichen. Das Ergebnis der Checks war eindeutig: Das Krankenhaus hätte in diesen Fällen gerade mal die Hälfte abrechnen dürfen. Wir forderten die Gelder zurück. Der Rechtsanwalt der Klinik ließ uns wissen, man betrachte die Ansprüche als verjährt. Das konnten wir uns nicht bieten lassen. Eine Klage gegen das Krankenhaus schien unvermeidlich. Dreimal mussten wir bei den Ermittlungsbehörden nachfragen, bis wir endlich Auszüge der Strafakten bekamen. Da war es bereits Sommer 2007.

Als uns die Akte vorlag, wussten wir auch, wie die Sache ans Licht gekommen war. Wie im Borreliose-Fall hatte ein ehrlicher Kollege, der im gleichen Krankenhaus arbeitete, die Betrüger enttarnt und Strafanzeige erstattet. Die Ermittlungen richteten sich gegen drei Ärzte. Bei vierzig Patienten sollten sie komplette Prothesenwechsel abgerechnet haben, obwohl sie nur Teile ausgetauscht hatten. Alle Operierten besaßen seit längerem eine Hüftprothese und mussten sich wegen Beschwerden erneut unters Messer begeben. Inzwischen hatten die Behörden die Klinik durchsucht. Der Schaden betrug fast 200 000 Euro. Der Arzt, der die Anzeige erstattet hatte, erklärte, die Machenschaften seien bis in die höchste Verwaltungsebene bekannt gewesen. Ein ehemaliger OP-Pfleger bestätigte seine Schilderungen. Und dennoch reichte das nicht.

Weil kein hinreichender Tatverdacht erkennbar sei, stellte die Staatsanwaltschaft das Verfahren ein. Begründung: Man erkenne kein zwingendes Motiv. Der Schaden sei im Vergleich zum jährlichen Umsatz des Krankenhauses von 35 Millionen Euro nicht von Bedeutung. Offenkundig nahm die Behörde die Angelegenheit nicht ernst, denn das Wort Schadenssumme wurde im Einstellungsschreiben stets in Anführungsstriche gesetzt. Außerdem hätten die Ärzte nur zum Wohle des Krankenhauses getrickst, nicht zu ihrem eigenen Vorteil. Von den 200 000 Euro hätten sie keinen Cent gesehen. Deshalb seien keinerlei Motive für einen Betrug zu erkennen.

Das Betten-Wunder

50 Milliarden Euro – diese ungeheure Summe zahlen die Krankenkassen derzeit pro Jahr an die Hospitäler. Das ist mit über einem Drittel der Gesamtausgaben etwa genauso

viel, wie Arztpraxen und Apotheken zusammengenommen erhalten, und zugleich der größte Einzelposten im Etat der Krankenversicherungen.[3] Obwohl diese Summe seit Jahren steigt, fordern die Kliniken in zuverlässigen Abständen noch mehr Geld. Vor allem klagen die Hospitalchefs darüber, dass die Etats der Krankenhäuser nur so stark steigen dürfen wie das Durchschnittsgehalt der Deutschen im Jahr zuvor. Zum Leidwesen der Versicherten gibt die Politik dem Druck der Kliniken regelmäßig nach.

Die eingangs beschriebenen Proteste waren noch gar nicht in vollem Gange, da versprach die Bundesregierung den Krankenhäusern für 2009 schon über drei Milliarden Euro zusätzlich. Bezahlen müssen das die Krankenkassen, also die Beitragszahler. Außerdem beschloss das Kabinett noch ein Sonderprogramm zur Einstellung von 21 000 Pflegekräften binnen drei Jahren – die Kosten sollen zu 70 Prozent von den Kassen übernommen werden. Überdies sollen die Klinikbudgets in naher Zukunft von der allgemeinen Lohnentwicklung wieder abgekoppelt werden. Stattdessen soll das Statistische Bundesamt einen neuen Index erstellen, von dem die Krankenhäuser wohl noch mehr profitieren werden.[4] Dennoch ist abzusehen, dass auch dieses Geld nicht für das aufgeblähte deutsche Kliniksystem reichen wird.

Kritiker monieren, es gebe zu viele mittelmäßige Klitschen, wo doch weniger, aber dafür spezialisierte Häuser notwendig wären. Insbesondere das politische Dogma, dem zufolge jede Kreisstadt und jedes Provinzeckchen ein Hospital brauche, sei ebenso populär wie unsinnig.[5]

Kein Politiker schließt gern eine Klinik, selbst wenn ihre Betten kaum belegt und die Qualität der Behandlung miserabel ist. Nicht nur, weil es für einige Menschen den Verlust ihrer Jobs bedeuten würde. Kaum etwas vergrault potenzielle Wähler so sehr wie die Furcht, der eigene Landstrich könnte abgehängt werden. Aus den gleichen Gründen verhindern die Länder auch mehr Wettbewerb zwischen den Krankenhäusern. Eigentlich sollten sich die Krankenkassen längst selbst aussuchen können, mit welchen Kliniken sie Verträge für Operationen abschließen. So wollte es das Gesundheitsministerium in Berlin, doch die Landesherren schmetterten diese Pläne aus Angst um ihren Einfluss ab. Wieder einmal wurde die Chance vertan, hervorragend arbeitende Krankenhäuser vom Wettbewerb profitieren zu lassen. Dafür ist das Überleben der unwirtschaftlichen und qualitativ zweifelhaften Spitäler gesichert.

Weil das klinische Mittelmaß so vehement verteidigt wird, gibt es nirgendwo so viele Krankenhausbetten wie hierzulande – etwa acht für 1000 Einwohner. In Dänemark, Norwegen, den Niederlanden und der Schweiz sind es gerade halb so viele. Wen wundert es angesichts dieses Überflusses, dass etwa ein Viertel aller Plätze ständig nicht belegt ist?[6]

Sowohl die Leitungen der staatlichen Krankenhäuser als auch die Vorstände der Hospitalkonzerne haben die Realität der Überversorgung mit Betten bei gleichzeitiger Unterfinanzierung längst anerkannt. In Zeiten wachsenden wirtschaftlichen Drucks müssen sie unrentable Abteilungen schließen. Natürlich versuchen sich die Angestellten dagegen zu wehren, manche mit unsauberen Mitteln, wie der folgende Fall aus Westdeutschland zeigt.

Es begann mit einem anonymen Schreiben, das im Juni 2007 in unserem Briefkasten landete – ganze acht Zeilen lang und mit Schreibmaschine getippt. In diesem Brief behauptete jemand, zwei Ärzte eines Krankenhauses fälschten Messwerte zur Strahlentherapie. Angeblich fingierten die beiden Mediziner diese Angaben in den Krankenblättern, um Patienten länger in der Klinik zu halten. Anbei lagen Akten und Briefe, welche die Anschuldigungen belegten. Zum Motiv schrieb der anonyme Hinweisgeber nichts.

Aber es war klar, was hinter diesem Betrug steckte: Wenn Kranke länger die Betten einer Station belegten, dann erschien sie in den Statistiken der Klink als ausgelastet. Und ausgelastete Abteilungen wurden weniger leicht geschlossen. Der unbekannte Briefschreiber verdächtigte einen Stationsleiter und seinen Stellvertreter: Angeblich beschafften die beiden Mediziner ihrer Klinik neben vollbelegten Betten noch eine zusätzliche Finanzspritze. Blieben die Patienten lange genug dort, erhielt das Krankenhaus nämlich noch einen Extrabonus.

Vor allem Tumore werden per Strahlentherapie behandelt. Mit Strahlenbeschuss und radioaktiven Medikamenten versuchen die Ärzte, die Krebszellen zu zerstören. Nach einer solchen Therapie müssen die Kranken so lange in der Klinik bleiben, bis die Strahlenbelastung unter einen festgelegten Grenzwert gefallen ist. Wie alle stationären Therapien werden auch Strahlenbehandlungen auf eine besondere Weise abgerechnet. So werden Patienten anhand ihrer Befunde und der durchgeführten Behandlungen in sogenannte Fallgruppen unterteilt. Diese spiegeln die Kosten der Therapie wider. Für eine Strahlentherapie mit bis zu elf Tagen Krankenhausaufenthalt darf eine Klinik derzeit einen Pauschalbetrag von etwa 3000 Euro abrechnen. Dauert die stationäre Behandlung länger, steht dem Krankenhaus ab dem zwölften Tag ein Zuschlag von über 400 Euro pro Tag zu. Das bedarf nur einer medizinischen Begründung, die mit zu hohen Strahlenwerten leicht möglich ist.

Deshalb ist der Anreiz hoch, die Patienten länger als notwendig im Krankenhaus zu behalten. Vorzeitig entlassen wird dagegen kaum jemand, selbst wenn er gesund ist. Der Grund dafür liegt ebenfalls im Pauschalsystem: Wenn der Aufenthalt eines Kranken die sogenannte untere Grenzverweildauer unterschreitet, muss die Klinik Geld zurückgeben. Ursprünglich war dieser Mechanismus eingebaut worden, damit die Krankenhäuser ihre Patienten nicht sofort nach einer Operation wieder auf die Straße setzten. Außerdem sollte nicht benötigtes Geld auf diese Weise wieder an die Krankenkassen zurückfließen. Doch daran haben die meisten Hospitalärzte natürlich kein Interesse. Sie möchten mehr kassieren, nicht weniger.

Der beschuldigte Stationschef und sein Gehilfe waren dabei keine Ausnahme. In einer Notiz, die uns der anonyme Informant später zusandte, beschwert sich der Stationsleiter bei seinem Stellvertreter darüber, dass vier Patienten noch vor dem Wochenende entlassen wurden. Zwei davon sollten ursprünglich mit gefälschten Strahlenwerten noch eine Weile in der Klinik gehalten werden. Der handschriftliche Vermerk deutete darauf hin, dass diese Manipulationen zum Alltag in der Klinik gehörten.

Außerdem bekamen wir Protokolle, die unter anderem den Zeitpunkt der Strahlenmessungen dokumentierten und wann die Ergebnisse ausgedruckt wurden. Merkwürdigerweise waren auf diesen Blättern zwar Strahlenwerte angegeben, aber das Druckdatum lag oftmals vor dem Messtermin. Das ließ nur eine Erklärung zu: Offensichtlich wurden fiktive Werte schon vor der Prüfung eingetragen. Die fingierten Daten schrieben die Ärzte und ihre Helfer auch in die Patientenakten.

Wie die Notiz des Stationsleiters zeigt, entließen manche seiner Kollegen die Kranken sehr wohl zum medizinisch richtigen Zeitpunkt. Offene Revolten waren dennoch selten – aus gutem Grund. Eine Krankenschwester, die sich weigerte, die Fälscher-Station weiterhin zu betreten, wurde im Sommer 2007 entlassen. Schon öfter hatte man ihr mit diesem Schritt gedroht, weil sie forderte, die betrügerische Praxis zu ändern. Als die Schwester nicht aufhörte, die Missstände anzuprangern, musste sie gehen. Ob sie wieder eingestellt wird, ist noch ebenso ungeklärt wie die Frage nach dem Motiv der Ärzte: Wollten die beiden nur ihre Station erhalten, oder wirtschafteten sie auch in die eigene Tasche?

Das OP-Kartell

Neben der allzu üppigen Krankenhausdichte begünstigt noch ein weiteres grundsätzliches Problem die Klinikkriminalität: die strikte Trennung zwischen niedergelassenen Ärzten und Hospitälern. Während Erstere die leichten Fälle in ihrer Praxis behandeln sollen, ist für die Schwerkranken die Klinik zuständig. Obwohl die moderne Medizin nach mehr Zusammenarbeit verlangt, fördert dieses Verständnis einen unseligen Wettbewerb zwischen Arztpraxen und Krankenhäusern. Weil die niedergelassenen Mediziner auch einen langjährigen Patienten in der Regel nicht weiterbehandeln dürfen, wenn er ins Krankenhaus muss, tun sie viel, um ihn von dort fernzuhalten. Seine Kollegen in der Klinik dürfen denselben Kranken hingegen zwar operieren, aber nicht längere Zeit therapieren. Deshalb sind sie versucht, alles zu tun, um ihn zu halten.

Verstärkt wurde diese Tendenz lange Zeit noch dadurch, dass sich Praxen und Kliniken jeweils eigene teure Geräte, etwa für das Röntgen, angeschafft haben, statt diese gemeinsam zu kaufen und zu nutzen. Dadurch verschuldeten sich viele Häuser und Einzelärzte. Um die Kosten wieder hereinzuholen, brauchten sie Kranke, die sie behandeln konnten. Wohin die Existenz dieser Parallelwelten führt, ist absehbar: Statt nach dem förderlichsten Heilverfahren zu suchen, behandeln die Ärzte so, dass sie am besten abrechnen können. Unnötige Therapien und Operationen sind die Folge. In Skandinavien und den USA wurde Krankenhäusern deshalb erlaubt, Patienten auch ambulant zu behandeln. Dies ist inzwischen für bestimmte Leistungen auch in Deutschland vorgesehen, ebenso eine engere Kooperation von stationären und niedergelassenen Ärzten bei der Nutzung von Großgeräten.

Daneben werden hierzulande noch weitere Möglichkeiten der Zusammenarbeit entdeckt – allerdings von Kriminellen. Korrupte Mediziner schanzen Kliniken Patienten zu, wenn sie selbst ein Stück vom Kuchen abbekommen. Wie ein solches System funktioniert, zeigt ein typisches Beispiel aus einer deutschen Großstadt.

Der Kommissar merkte sofort, dass etwas nicht stimmte. Sein Gegenüber tat zwar überrascht, doch er spielte seine Rolle schlecht. Es war klar: Tobias Kramer hatte die Beamten erwartet. Irgendjemand musste dem kaufmännischen Leiter gesteckt haben, dass sein Krankenhaus heute durchsucht wurde. Hoffentlich ahnte wenigstens der Urologe Michael Walter nicht, dass Fahnder auch zu seiner Praxis unterwegs waren. Denn es ging um einen Betrug in Millionenhöhe. Die Ermittlungen durften nicht in letzter Minute scheitern, weil es irgendwo eine undichte Stelle gab.

Die Polizisten hatten Glück. Trotz der Warnung an die Verdächtigen konnten sie an diesem Tag im Frühjahr 2007 mehrere Dokumente sicherstellen. Die Unterlagen bewiesen, dass ein Arzt und eine Klinik in der Großstadt mit Prostata-Operationen dealten. Der Urologe Walter ließ Patienten unter dem Vorwand, sie müssten dringend an der Vorsteherdrüse operiert werden, in das Krankenhaus einweisen. Dort wusste man allerdings schon lange von den angeblichen Notfällen und plante für sie schon Betten ein.

Dieses Geschäft war für beide Seiten äußerst einträglich: Während eine ambulante Operation etwa 600 Euro gekostet hätte, zahlten die Krankenkassen für eine Notoperation in der Klinik 1800 Euro. Davon bekam der Mediziner mit 1100 Euro den Löwenanteil. Das Krankenhaus machte mit 700 Euro pro Patient ebenfalls einen guten Schnitt. Bei etwa achtzig von hundert urologischen Behandlungen zweifelten die Beamten an, dass sie tatsächlich in der Klinik vorgenommen werden mussten.

Das OP-Kartell muss also gut verdient haben. Allein für 2005 wies die Behandlungsstatistik des Spitals knapp 480 fragliche Operationen aus. Dabei verfügte das Krankenhaus nicht einmal über eine Fachabteilung für die Behandlung von Männerkrankheiten. Um dennoch illegal Profit machen zu können, habe sich die Klinik eine Art «Luft-Urologie» aufgebaut, schlussfolgerte die Kriminalpolizei. Sie sollte recht behalten.

Im Laufe der Ermittlungen mussten die Verantwortlichen des Krankenhauses mehrere Verfehlungen einräumen, die Beweislast war zu erdrückend. Allein beim Prüfen der Prostataoperationen wurde ein Schaden von 400 000 Euro festgestellt. Weil die Krankenkassen weitere Unregelmäßigkeiten beanstandeten, forderten sie 900 000 Euro von der Klinik.

Das Ganze bekam noch einen Beigeschmack, weil die politische Führung der Großstadt den kaufmännischen Leiter Tobias Kramer offenbar in ein hohes Amt berufen wollte. Dies wiederum versuchte die Opposition für sich zu nutzen. Obwohl die Besprechungen der Krankenkassen mit der Polizei geheim bleiben sollten, sickerten wiederholt Informationen durch. Auf diese Weise erfuhr wohl auch Kramer von der bevorstehenden Durchsuchung. Der Mann arbeitet inzwischen als Geschäftsführer eines anderen Krankenhauses. Schon während er noch gegen ihn ermittelte, prophezeite der verantwortliche Kommissar, der Betrüger werde wohl nur eine Bewährungsstrafe erhalten.

Wie sicher sich viele Klinikärzte vor Verfolgung fühlen, zeigen neue illegale Machenschaften in diesem Haus. Zum einen soll ein Hals-Nasen-Ohren-Arzt Patienten, die in seiner Praxis schon einmal operiert worden waren, erneut als Notfälle an das Klinikum überwiesen haben. Zum anderen besteht der Verdacht, dass ein Arzt zwar ambulante Venen-OPs vorgenommen hat, diese aber als stationäre Behandlung abrechnete. Mit kriminellen Geschäften hat der Venenexperte Erfahrung. Seit Jahren arbeitet er nur mit einem einzigen Sanitätshaus zusammen, wenn er Kompressionsstrümpfe verschreibt. Im Gegenzug mietet dieses Unternehmen einen winzigen Raum in der Arztpraxis als Lager. Das Sanitätshaus zahlt dem Venenspezialisten dafür 900 Euro, das ist immerhin die Hälfte der monatlichen Praxismiete.

Warum sich Krankenhausleiter und Klinikmediziner so wenig vor der Polizei fürchten, ist klar. Weil die örtlichen Politiker mit den Häusern eigene Interessen verfolgen, halten sie oftmals auch schützend die Hand über auffällig gewordene Sünder. Das war bei Tobias Kramer ebenso wie bei dem langjährigen Leiter der Freiburger Unfallchirurgie Hans-Gerd Brell, dessen Fall im Frühjahr 2009 bundesweit Aufmerksamkeit erregte.[7] Trotz zahlreicher Kunstfehler wollte ihm das Land Baden-Württemberg lieber eine Millionenabfindung zahlen, als ihn aus seiner Stellung zu entfernen.

Ähnliche Beispiele von Ärztepfusch an Krankenhäusern finden sich quer durch die Republik. Selbst wenn diese Mediziner Menschen umbringen, haben sie oftmals nichts zu befürchten. Schlagzeilen machte unter anderem der Fall eines Chirurgen, der im westfälischen Wermelskirchen gravierende Fehler bei Operationen gemacht haben soll – mindestens eine Frau könnte durch seine Schuld gestorben sein. Auch der Chefarzt und Besitzer einer Klinik in der Nähe von Mönchengladbach hat wahrscheinlich mehrere Menschenleben auf dem Gewissen. Die Staatsanwälte werfen ihm grundlose Operationen vor, bei denen der Mann so unbekümmert wie kenntnisfrei Teile von Därmen, Gallenblasen und Nieren herausschnippelte. Zum Desinfizieren setzte der Chirurg statt auf die üblichen sterilen Lösungen lieber auf Zitronensaft. Kein Wunder, dass unter seiner Ägide von Mitte 2005 bis Sommer 2007 ungewöhnlich viele Patienten starben. Dennoch geschah lange nichts. Kollegen, die gegen den Stümper aufbegehrten, mussten gehen. Andere kündigten freiwillig, weil sie bei den Misshandlungen der Patienten nicht mitmachen wollten. Wahrscheinlich war es einer dieser Abtrünnigen, der bei der Staatsanwaltschaft Anzeige erstattete. Doch auch danach ging das Sterben weiter. Bis sich die Strafverfolger zu einer Reaktion durchrangen, waren weitere drei Patienten tot – die Ursache auch hier wahrscheinlich Behandlungsfehler.

Diese Menschen könnten heute noch leben, wenn Lokalpolitiker ihren Einfluss nicht an der falschen Stelle geltend gemacht hätten. Im Sommer 2005 arbeitete der Chirurg noch als städtischer Berater des Krankenhauses, als er erfuhr, dass die Klinik privatisiert werden sollte. Die Bürgermeisterin war ihm offenbar sehr zugeneigt und wollte auf dessen Angebot, das Haus zu übernehmen, eingehen.

Da wurde eines Tages ein Junge mit platzenden Lungenbläschen in die Klinik eingeliefert. Eigentlich hätte man eine spezielle Drainage-Technik anwenden müssen, doch der Chirurg beschloss, das sei nicht notwendig. Einer der Chefärzte, welcher mit dem Todesarzt im Operationssaal stand, erklärte später, der Junge hätte sterben können.[8] Zusammen mit einem Kollegen informierte er den Verwaltungsrat der

Klinik über das Vabanquespiel. Das Gremium unter dem Vorsitz der Bürgermeisterin feuerte daraufhin die beiden Mediziner. Für nicht einmal 30 000 Euro durfte der Chirurg das Krankenhaus erwerben und zum unumschränkten Herrn über das Leben der Patienten aufsteigen.

Schon wenig später meldeten sich anonyme Tippgeber beim örtlichen Gesundheitsamt und machten ihn für mehrere Todesfälle verantwortlich. Die Behörde sandte einen Mann aus, der die Klinik auf gefährliche Keime prüfte. Weiter passierte nichts. Im Winter 2006 zeigte ein Unbekannter den Chirurg dann bei den Strafverfolgern in Mönchengladbach an. Obwohl Kriminalpolizisten daraufhin dessen Wohnung und seine Klinik durchsuchten, durfte er bis zum Frühjahr 2007 seine Zulassung als Arzt behalten.

Als wir von den Ermittlungen erfuhren, boten wir den Behörden umgehend unsere Hilfe an. Eine Mitarbeiterin durchforstete die Akten und stieß auf sechs Versicherte, welche von 2004 bis 2007 in der Klinik verstorben waren.

Dass der Chirurg schließlich angeklagt wurde, ist nicht selbstverständlich. Meistens haben solche Pfuscher wenig zu befürchten. Wenn sie irgendwo auffliegen, ziehen sie einfach zum nächsten Krankenhaus weiter. Oft verstehen sie es, die örtlichen Autoritäten zu umgarnen. Die von ihnen geschädigten Patienten fühlen sich meist allein mit ihren Problemen und lassen sich trotz des erlebten Leids noch immer vom Nimbus des unfehlbaren Mediziners einschüchtern. Nur selten schließen sie sich zusammen und gehen gemeinsam gegen einen Scharlatan vor. Die Ärztevereinigungen und -kammern betrachten sich zumeist als Lobby, die auch zweifelhafte Mediziner vor Kritik schützen. Sie behelligen die Pfuscher deshalb in der Regel nicht.

Betrachtet man die Lethargie der Strafverfolgungsbehörden in den meisten hier beschriebenen Fällen, so lässt sich ein Grund erkennen, warum so wenige im Krankenhaus begangene Taten aufgedeckt werden. Wieso sollten Ärzte oder Krankenpfleger ihre Karriere aufs Spiel setzen und kriminelle Kollegen anzeigen, wenn sie sich am Ende selbst Vorwürfen ausgesetzt sehen? Auch manche Krankenkasse erfährt von kriminellen Geschäften in Kliniken, kümmert sich aber nicht darum. Die Mitarbeiter dort wissen sehr genau, dass die staatlichen Ermittler solche Fälle gern schnell zu den Akten legen, und scheuen den vergeblichen Aufwand.

Der perfekte Schutz gegen Betrug wäre es, wenn jeder Einzelne so ehrlich wäre, wie er es von seinem Arzt oder Apotheker verlangt. Doch das ist nicht der Fall. Wie der folgende Abschnitt zeigt, gibt es unter uns Patienten genügend Schwindler, die in ihrem Einfallsreichtum den betrügerischen Weißkitteln in nichts nachstehen.

Sechstes Kapitel

Patienten als Selbstbediener

Ein paar Tage Urlaub in Rom, später mit dem Taxi von Köln über Paris nach Barcelona und dann übers Meer zurück nach Frankreich – und die Krankenkasse bezahlt alles. Geht nicht? Geht doch! Jedenfalls nach dem Willen des unverschämtesten Hochstaplers, mit dem wir es je zu tun hatten.

Alles fing harmlos an. Im November 2007 bekam unsere Berliner Außenstelle einen Brief von einem österreichischen Taxiunternehmen – man habe einen unserer Versicherten im Zuge eines Krankentransports von Kufstein nach München gefahren. Wir sollten doch bitte 160 Euro Fahrtkosten erstatten. Der Rechnung fügten die Österreicher eine «Ärztliche Transportanweisung» bei. Darin versicherte unsere Krankenkasse, für die Fahrt von Marco Albrecht aufzukommen. Bekräftigt wurde diese Garantie vom Stempel eines unserer Servicezentren in Berlin.

Das Formular war gefälscht. Zwar bezahlt die Krankenkasse manchmal auch Transportkosten, etwa für Dialysepatienten, die nach einer Blutwäsche nicht mehr in der Lage sind, mit öffentlichen Verkehrsmitteln nach Hause zu fah-

159

ren. Doch ganz gewiss finanzieren die Krankenkassen keine Taxifahrten aus dem Ausland nach Deutschland. Außerdem erkannten unsere Mitarbeiter recht schnell, dass der vermeintliche Stempel einen Schreibfehler enthielt. Statt den Standort unseres Servicezentrums korrekt als Berliner Bezirk Steglitz anzugeben, war dem Fälscher offenbar ein Buchstabendreher unterlaufen: «Setglitz».

Weil Marco Albrecht in Berlin gemeldet war, zeigten wir ihn dort wegen Urkundenfälschung und versuchten Betruges an. Dem Taxiunternehmen antworteten wir, dass die KKH die Kosten nicht tragen würde. Danach hielten wir die Sache für erledigt. Doch Albrecht sollte uns noch eine Weile beschäftigen.

Im Dezember meldete sich erneut ein Taxiunternehmer aus Österreich: Ein Fahrer habe Herrn Albrecht von Innsbruck nach Mailand und zurück gebracht. Angeblich hatte die örtliche Universitätsklinik den Krankentransport für notwendig gehalten, eine entsprechende Genehmigung lag anbei. Diesmal hatte der Spaß über 660 Euro gekostet. Natürlich weigerten wir uns. Inzwischen war der Betrüger nicht einmal mehr bei uns versichert.

Das bedeutete keineswegs das Ende seiner Zechprellerei. Im Gegenteil, der 34-Jährige wurde immer frecher. Es folgte aus Österreich eine Rechnung über Taxifahrten nach Italien, und aus Südtirol meldete sich ein Hospital, das die Kosten für einen Krankenhausaufenthalt berechnen wollte. Davor muss der Schwindler einige Tage in Rom verbracht haben. Bald trieb sich Albrecht per Taxi in München herum. Dann tauchte er plötzlich im Ruhrgebiet wieder auf. Unter falschem Namen ließ er sich von Bochum in den Skiort Winterberg fahren.

Nachdem die Polizei ihn kurzzeitig festgenommen hatte, weil er seine Hotelrechnung nicht begleichen konnte, setzte sich der Hochstapler in Richtung Süden ab. Mitte Februar 2008 chauffierte ihn ein Taxi vom Wallfahrtsort Lourdes für 740 Euro über die Pyrenäen in die katalanische Metropole Barcelona. Seine letzte Fahrt, für die uns eine offene Rechnung ins Haus flatterte, brachte ihn von Marseille zu einem Hotel in Nizza. Kostenpunkt 400 Euro. Danach verliert sich seine Spur.

Bisher gelang es der Polizei nicht, des reisewütigen Schwindlers noch einmal habhaft zu werden. Das ist auch nicht leicht. Marco Albrecht wechselte immer wieder seinen Aufenthaltsort und seine Anschrift. Obwohl er laut unseren Akten in Berlin gemeldet war, gab er sich lange als Angestellter der italienischen Bahngesellschaft Trenitalia aus. Später benutzte er eine Adresse in Bozen. Im März schrieb uns die Staatsanwaltschaft Berlin, das Verfahren werde vorerst nicht fortgesetzt. Die Behörde wisse nicht, wo Marco Albrecht steckt. Falls wir nähere Hinweise hätten, sollten wir uns melden. Doch seit Nizza ist der Mann untergetaucht.

Der Trip des Tricksers zeugt von einer Dreistigkeit, die selbst erfahrene Ermittler noch verblüffen kann. Doch so ungewöhnlich seine Geschichte erscheint, so alltäglich ist sie zugleich. Nicht nur Ärzte, Apotheker und Krankenhausmanager wandeln auf krummen Pfaden. Auch einige Leistungsempfänger des Gesundheitswesens legen eine erstaunliche kriminelle Energie an den Tag. Wie Marco Albrecht gibt es nicht wenige andere Patienten, welche die Krankenkassen schon bei den Fahrtkosten betrügen. Mit dem Finger ausschließlich auf die Gangster in weißen Kitteln zu zeigen mag deshalb zwar bequem sein. Der Wirklichkeit wird es aber nicht gerecht. Das Thema Betrug betrifft uns alle.

Das wird besonders deutlich, wenn man sich dem beliebtesten Patientendelikt zuwendet – dem Chipkartenbetrug. Vermutlich einige Millionen Euro im Jahr verlieren die Krankenkassen einzig dadurch, dass sich Menschen mit geborgten, gefälschten und gestohlenen Versicherungskarten behandeln lassen.[1] Die kleinen Plastikteile sind begehrt und werden auf dem Schwarzmarkt für bis zu 200 Euro pro Stück gehandelt.

Nicht selten verbirgt sich hinter einem Kartenschwindel ein tragisches Schicksal: Häufig betrügen illegal eingewanderte Menschen, die Angst vor der Polizei haben. Wenn sie krank werden, versuchen sie sich mit den Karten von bereits hier lebenden Landsleuten behandeln zu lassen. Allerdings ist gewöhnliche Geldgier ein ebenso weit verbreitetes Motiv für Kartenbetrug. So stoßen wir immer wieder auf Privatpatienten, die sich ihre Behandlungen mit fremden Versichertenkarten und damit von der gesetzlichen Krankenkasse bezahlen lassen. Dafür winkt ihnen sogar eine Belohnung. Ihre Privatversicherung erstattet nämlich am Jahresende einen Teil der Beiträge zurück, wenn die Mitglieder dort keine oder nur wenige Leistungen in Anspruch genommen haben. Andere Abzocker benutzen die Karte nach dem Austritt aus einer Krankenkasse einfach weiter, verkaufen oder verleihen sie gegen Geld. Und manche Betrüger erschleichen sich eine Karte, indem sie das Vertrauen ihrer Mitmenschen missbrauchen – wie der folgende Fall aus Nordrhein-Westfalen zeigt.

Martina Akyol war außer sich. Alles lief schief an diesem Tag im August 2007. Vor ein paar Stunden hatte sich ihre Tochter in der Schule einen Vorderzahn ausgeschlagen. Sofort war Frau Akyol dorthin gehetzt und mit der Siebenjährigen zur Zahnärztin gefahren. Doch in der Praxis saß nur die Sekretärin. Ihre Chefin sei krank, richtete die Angestellte aus. Allerdings habe ein Mediziner in der nahen Kleinstadt die Vertretung übernommen. Wieder setzte sich Martina Akyol ans Steuer. Ihr war zum Heulen zumute. Das Herumfahren setzte ihr zu, denn seit einem schweren Autounfall vor acht Jahren konnte sie ein Bein nicht mehr richtig bewegen. Nun sollte sie mit der weinenden Tochter einen Arzt aufsuchen, den sie nicht kannte. Das dachte sie jedenfalls. Denn an der Rezeption erklärte man ihr, sie sei bereits neun Mal als Patientin dort gewesen. Allerdings habe sie bei ihren vorherigen Besuchen noch ganz anders ausgesehen.

Kaum etwas ist leichter, als sich beim Arzt als eine andere Person auszugeben. In deutschen Praxen lassen sich die Angestellten neben der Chipkarte nur selten den Personalausweis zeigen. Die derzeit verwendeten Karten verfügen zudem nicht über ein Passbild, sonst könnten die Praxishilfen einen Betrug leichter erkennen. Unter anderem auch deshalb soll bald eine elektronische Gesundheitskarte eingeführt werden. Weil sich Fotos heutzutage am Computer nahezu unbegrenzt verändern lassen, ist zwar zu befürchten, dass sich der harte Kern der Fälscher davon nicht aufhalten lässt. Doch wenigstens den Gelegenheitsschwindlern könnte auf diese Weise das Handwerk gelegt werden. Ein zweites großes Manko bleibt indes: Selbst wenn die Krankenkassen erkennen, dass eine Karte missbraucht wird, können sie den

Betrug nicht stoppen. Denn sie haben bislang keine Möglichkeit, Versichertenkarten elektronisch zu sperren. Und Strafanzeigen laufen bei unbekannten Tätern meist ins Leere.

Für Martina Akyol war alles zu viel. Sie fing an zu weinen. Nur mit Mühe gelang es der Frau des Zahnarztes, die aufgebrachte Mutter zu beruhigen. Noch in der Praxis beschuldigte sie eine ehemalige Freundin, die Karte gestohlen zu haben. Diese habe längere Zeit bei ihr geputzt und einen Schlüssel zu ihrer Wohnung gehabt – sie müsse die Karte entwendet, benutzt und dann wieder zurückgelegt haben. Wegen ihres türkischen Nachnamens sei das wahrscheinlich niemandem aufgefallen. Ayfers Onur habe zudem öfter über Zahnschmerzen geklagt. Noch am selben Tag rief die Praxis die Kaufmännische Krankenkasse an und schilderte einer Mitarbeiterin, was geschehen war. Wir stellten daraufhin Strafanzeige.

Vor Gericht gestand Ayfers Onur, die Karte von Martina Akyol benutzt zu haben. Sie habe aber nichts gestohlen. Vielmehr habe ihr die Freundin erlaubt, mit ihrem Versicherungsnachweis zum Zahnarzt zu gehen. Die 42-Jährige behauptete, dass Martina Akyol sogar 700 Euro für das Benutzen der Karte verlangt habe. Die Freundin habe ihr versichert, dass niemand Verdacht schöpfen werde. Starke Zahnschmerzen hätten sie damals geplagt – und weil sie selbst nicht krankenversichert gewesen sei, habe sie auf das krumme Geschäft eingehen müssen. Im Übrigen habe sie nie für ihre frühere Freundin geputzt, die ganze Geschichte sei erlogen. Noch heute ist der Streit nicht entschieden.

Die Geschichte von Martina Akyol hätte überall in Deutschland passieren können. Denn auch Patienten begreifen das Gesundheitssystem zuweilen als gigantischen Selbstbedienungsladen. Das Motiv muss dabei nicht immer Not oder Geldgier sein. In den vergangenen Jahren häuften sich die Fälle, in denen die Krankenkassen aus einem anderen Grund betrogen wurden: Sucht.

In Deutschland gibt es nach Schätzungen etwa anderthalb Millionen Medikamentensüchtige. Möglicherweise sind es noch mehr. Ein beliebtes Präparat zur Leistungssteigerung ist zum Beispiel Piracetam, mit dem eigentlich Demenzkranke therapiert werden und das durch Anregung des Hirnstoffwechsels die kognitiven Fähigkeiten steigert. Auf diese Weise versuchen immer mehr Menschen, dem Stress im Beruf und der ständigen Überlastung Herr zu werden. Während amerikanische Wissenschaftler fordern, das sogenannte Gehirndoping zu legalisieren, sind die Nebenwirkungen kaum erforscht. Wie viele Gehirndoper süchtig sind, lässt sich derzeit ebenfalls nicht sagen. Klar ist aber, dass bei weitem mehr Menschen von Tabletten abhängig sind als von Heroin und anderen harten Drogen. Wie diese können auch Pillensüchtige geistig und körperlich regelrecht abstürzen.

Um an ihren Stoff zu kommen, schrecken sie auch vor Straftaten nicht zurück. Am häufigsten geht es dabei um Schlaf- und Beruhigungsmittel, von denen manche opiumähnliche Substanzen enthalten. Auch Hustensäfte mit dem Wirkstoff Codein sind typische Süchtigmacher. Doch das Spektrum ist breit. Der folgende Fall zeigt exemplarisch, dass man von fast jedem Medikament abhängig werden kann, obwohl es auf den ersten Blick harmlos erscheinen mag.

Zweiundvierzig Tabletten gegen Durchfall täglich – eine unglaubliche Menge Pillen, Manfred Bieler nahm sie angeblich alle. Bei einem Routinecheck der Rezepte fiel den Kontrolleuren der ungewöhnlich hohe Medikamentenverbrauch auf. Dafür gab es nach unserer Erfahrung zwei mögliche Erklärungen: Entweder der Mann täuschte den Konsum nur vor und dealte mit der Arznei, oder er war süchtig. Möglicherweise traf sogar beides zu. Was uns allerdings stutzen ließ, war das Präparat selbst. Durchfalltabletten versprachen auf dem Schwarzmarkt keine opulenten Gewinne. Manfred Bieler bevorzugte die Marke Imodium, eine Packung mit 50 Kapseln kostete damals gerade einmal 16 Euro. Blieb also Möglichkeit zwei. Aber konnte jemand tatsächlich süchtig nach Darmpillen werden?

Eine kurze Recherche im Internet zeigte, dass Imodium den Wirkstoff Loperamid enthält. Die Substanz ist ein synthetisches Opiat, ein künstlich hergestellter Verwandter des Opiums. Sie lähmt den Darm, stoppt seine Bewegungen und damit auch den Durchfall. Loperamid war ein klares Indiz für Suchtverhalten. Wir fragten deshalb bei dem Arzt nach, der Manfred Bieler die Medikamente verschrieben hatte. War ihm irgendetwas Ungewöhnliches aufgefallen?

Gerhard Schwarz reagierte zuerst gar nicht. Nach einigen Wochen ließ er uns wissen, mit seinen Rezepten sei schon alles in Ordnung. Eine wenig befriedigende Antwort. So ließen wir den Fall prüfen. Als der Bericht vorlag, fanden wir unseren Verdacht zumindest teilweise bestätigt. Geradezu exzessiv sei der Tablettenkonsum von Manfred Bieler, urteilte der Gutachter. Bei chronischem Durchfall sind nur zwei Kapseln täglich erlaubt – bei akuten Beschwerden über einen kurzen Zeitraum höchstens sieben. Maximal 454 Tabletten hätte der Mann danach insgesamt einnehmen dürfen. Aus den Abrechnungen ergab sich eine Menge von 9600 Tabletten. Der Arzt hatte ihm allerdings nur 4600 Pillen verschrieben. Offenbar hatte der Apotheker die Rezepte ohne Wissen des Arztes verändert und Manfred Bieler größere Packungen ausgehändigt.

War er tatsächlich süchtig? Warum verordnete der Arzt so viel und vor allem: Warum gab der Apotheker die doppelte Menge an Bieler heraus? Wir fragten noch einmal nach, ob Loperamid süchtig machen kann – und siehe da, der Gutachter wurde fündig. Es gab eine Studie, die das Suchtpotential bei stark überhöhtem Konsum bestätigte.

Da der Arzt weiterhin mauerte, konfrontierten wir den Patienten direkt mit unserem Verdacht. Mehrfach telefonierte ich mit Bieler, und jedes Mal beteuerte er, seit langem chronisch krank zu sein – er benötige Imodium in hohen Dosen. Mir fiel indes schnell auf, dass Manfred Bieler sehr hartnäckig, geradezu penetrant sein konnte. Und mir schwante, dass der Arzt ihm die Tabletten nur deshalb verschrieben haben könnte, um seine Ruhe zu haben. Dasselbe mochte für den Apotheker gegolten haben.

Solche Fälle kommen immer wieder vor: Patienten bedrängen Mediziner, ihnen Rezepte für ein bestimmtes Medikament auszustellen. Diese mögen zunächst ablehnen, doch irgendwann werden sie weich und verordnen den Nervensägen, was immer diese haben möchten.

Manchmal drohen die Patienten sogar mit Gewalt. Das Ausmaß dieses Problems alarmiert selbst diejenigen, die eigentlich davon profitieren könnten. Die Apothekerkammer Mecklenburg-Vorpommern warnte etwa in einem offenen Brief vor der medikamentenhungrigen Drückerkolonne: Patienten, so heißt es, setzten die Ärztinnen und Ärzte «massiv unter Druck, sodass diese dann letztlich keinen anderen Ausweg mehr sehen, als dem Verlangen nach einem bestimmten starken Analgetikum [...] nachzugeben und dieses zu verschreiben». Allerdings machten die Apotheker nicht allein die Patienten verantwortlich. Sie prangerten ebenfalls an, dass viele Ärzte zu leichtfertig suchterzeugende Mittel verordneten. Unachtsame Medikation führt leider regelmäßig dazu, dass Kranke von bestimmten Präparaten überhaupt erst abhängig werden.

Offensichtlich hatte der Arzt den Konflikt mit Manfred Bieler gescheut und ihm irgendwann einfach verordnet, was er forderte. Das mag verständlich sein, entschuldigt aber das Verhalten des Arztes nicht. Außerdem werden so Gelder veruntreut, die bei der Versorgung anderer Versicherter fehlen. Ein Verstoß gegen das Gebot der Wirtschaftlichkeit kann zudem eine Straftat darstellen – die sogenannte Untreue.

Bald zeigten wir den Arzt an. Der Apotheker war inzwischen verstorben – wir konnten aber mit seinen Erben einen Vergleich zur Wiedergutmachung des Schadens schließen. Der Arzt kam davon, weil er gerade in einer anderen Sache eine höhere Strafe erhalten hatte. Leider war er zudem pleite, sodass er keinen Schadenersatz leisten konnte. Manfred Bieler musste jedenfalls fortan ohne sein Dope in Darmpillenform auskommen. Wenigstens eine gute Chance für einen Neuanfang durch eine Therapie.

Druck auf den Arzt auszuüben ist nicht die einzige Methode von Patienten, an begehrte Medikamente zu gelangen. Nach dem Alarmbrief der Apotheker sahen sich die Ärztevertreter in Mecklenburg-Vorpommern dazu gezwungen, sich dem Problem zu stellen. In einem Leitfaden beschreibt der Verband, wie die Patienten sonst noch vorgehen, um an Medikamente zu gelangen: Während die einen Krankheiten nahezu perfekt vortäuschen, erbetteln die anderen Verordnungen für erfundene Personen, beispielsweise die Großmutter. Eine besondere Form dieser Art von Betrug ist das sogenannte Ärztehopping. Dabei probieren Patienten ihre Tricks in vielen unterschiedlichen Praxen aus und legen dafür auch enorme Entfernungen zurück. So bekommen sie unauffällig eine Vielzahl an Rezepten. Nicht selten ist es Geldgier, die diese Ärztehopper antreibt.

Als die Ermittler der Staatsanwaltschaft in die Wohnung von Renate Haubrich eindrangen, entdeckten sie dort ein ganzes Warenlager. An den Wänden ihrer Zimmer stapelten sich Packungen von Nahrungsergänzungsmitteln. Im Schlafzimmer sah es aus, als hätte die Frau mehrere Apotheken ausgeraubt: Neben riesigen Haufen von Mullbinden, Kompressen, Verbandsmaterial und Salben lagen bergeweise Kosmetika und Müsliriegel. Der Keller war vollgestopft mit Kartons gleichen Inhalts. Außerdem fanden die Strafverfolger Hunderte vollständig ausgefüllter und von Ärzten unterzeichneter Rezepte sowie bündelweise Geldscheine. Später bekamen die Behörden heraus, dass sich die 35-Jährige Apothekenartikel im Wert von 200 000 Euro erschlichen hatte, indem sie Mediziner abklapperte und ihnen Rezepte abschwatzte.

Doch wie begann diese kriminelle Karriere? Renate Haubrich hatte Betriebswirtschaft studiert, aber ihre Leidenschaft war die Medizin. Sie wollte gern Ärztin werden, doch ihre Schulnoten reichten nicht. Dennoch las sie alles über Arzneien und das Therapieren von Krankheiten. Wenn es neue Behandlungsmethoden gab, wusste sie das oft noch vor den Ärzten. Als in ihrer Verwandtschaft mehrere Krankheitsfälle auftraten, glaubte sie deshalb am besten zu wissen, wie man diese behandelte: Ihre Mutter quälte eine schmerzhafte Hüftgelenksarthrose, die ihr zunehmend das Gehen erschwerte; ihr Vater litt unter einer Herzerkrankung, ihre Großtante kämpfte mit einer Herzklappenstörung. Auch Renate Haubrich kränkelte zuweilen. Sie war überzeugt, dass in all diesen Fällen die normale Schulmedizin nichts ausrichten konnte. Nur von einem ganz bestimmten Zweig der Heilkunst versprach sie sich Hilfe: der orthomolekularen Medizin. Hinter diesem Zungenbrecher verbergen sich Therapien, bei denen allein Vitamine, Mineralstoffe, Spurenelemente und Aminosäuren eingesetzt werden. Allerdings waren die Ärzte, die Renate Haubrich deshalb aufsuchte, anderer Ansicht als sie. Sie zweifelten an der Wirksamkeit dieser Therapien und weigerten sich, die entsprechenden Rezepte auszustellen.

Schließlich hatte die Mutter von Renate Haubrich eine Idee, wie sich die störrischen Mediziner ausmanövrieren ließen. Sie riet ihrer Tochter, sich reguläre Arzneimittel verordnen zu lassen und diese Rezepte bei Apotheken gegen die gewünschten Präparate zu tauschen. Zunächst versuchte es Renate Haubrich bei Ärzten im Umkreis von 50 Kilometern um Würzburg. Ihr Ziel war nicht nur, an Rezepte zu gelangen. Die Ärzte sollten ihr diese zudem auf telefonische Bestellung zusenden, damit sie nicht jedes Mal so weit fahren musste.

Der Plan ging auf. In den Praxen berichtete sie gleich beim ersten Besuch von ihren Krankheiten, legte Arztbriefe und Dokumente über fachärztliche Untersuchungen vor. Danach waren die Ärzte allesamt bereit, ihr fortan ohne persönliche Vorsprache Rezepte zuzusenden. Auch ihre Hausärztin machte dieses Procedere mit. Diese Medizinerin stellte sogar Verordnungen für die Eltern und die Großtante von Frau Haubrich aus, obwohl sie diese nie gesehen hatte. Dass die Familienangehörigen bei anderen Krankenkassen versichert waren, wusste sie wohl nicht. Offenbar war es ihr auch egal, denn sie forschte nicht nach.

Renate Haubrichs Idee hatte also funktioniert, aber das reichte ihr nicht. Sie wollte mehr Medikamente. Deshalb weitete sie ihr Jagdrevier aus und stieg immer öfter in den Zug. Bald hatte sie im Umkreis von 200 Kilometern fast jeden Arzt aufgesucht. Viele stellten ihr die Rezepte später per Post zu. Ein Anruf genügte.

Wie sehr dieses Verhalten unter Patienten verbreitet ist, lässt sich derzeit schwer sagen. Ärztehopper werden nur dann entdeckt, wenn sie auffällig viele Rezepte von ebenso vielen Ärzten erhalten und hierdurch extrem hohe Kosten verursachen. Die aufgesuchten Mediziner wissen jedenfalls nichts voneinander, und die Krankenkassen filtern nur die Extremfälle heraus. Eine der wenigen Studien zu diesem Thema stammt von 1995, damals berichteten sieben Prozent der befragten Mediziner von Missbrauchsfällen.[2] Indizien lassen jedoch darauf schließen, dass das Phänomen sehr wohl recht verbreitet sein könnte. So sind die Deutschen laut mehrerer Studien die fleißigsten Arztgänger der Welt.[3] Im Durchschnitt suchen Menschen hierzulande etwa achtzehnmal pro Jahr eine Praxis auf, nur Japaner und Tschechen können da noch mithalten. Die meisten Patienten gehen mit Sicherheit nicht ohne gute Gründe zum Arzt. Dennoch ist anzunehmen, dass Renate Haubrich kein Einzelfall ist.

Nach ihren Rundfahrten durch Franken besaß die Rezeptsammlerin zwar recht bald eine Menge Verordnungen, doch sie wollte ja eigentlich etwas anderes – die Vitaminpräparate. Deshalb brauchte sie eine Apotheke, die bei ihrem Betrug helfen würde. Schon die erste, die sie aufsuchte, war ein Volltreffer. Der Besitzer des Geschäfts erklärte sich nach einem kurzen Gespräch bereit, den Deal mitzumachen. Der illegale Vitaminhandel verschaffte dem Apotheker in manchen Monaten fast 10 Prozent seines Umsatzes. Allerdings musste der Pharmazeut bald lernen zu teilen. Denn seine neue beste Kundin suchte sich bereits weitere Geschäftspartner.

So stand die 35-jährige Frau zur Hauptgeschäftszeit in der Apotheke von Günther Schmidt und bat ihn für ein Gespräch auf die Straße. Die finanzielle Lage des Pharmazeuten war desolat, und er witterte die Chance, dies zu ändern. Später sollte er sich als gierigster unter den letztlich sechs beteiligten Apothekern erweisen. Er drängte seine Partnerin sogar regelmäßig zur Lieferung weiterer Rezepte. Er schrieb auch Verordnungen um, die Renate Haubrich nicht innerhalb der gesetzlichen Frist von vier Wochen bei ihm abgegeben hatte. Nachdem der Vater und die Mutter von Renate Haubrich gestorben waren, ließ sie die Verordnungen nur noch für sich selbst ausstellen. Insgesamt kam sie auf über 1500 Gefälligkeitsrezepte.

Wenn Renate Haubrich auf Tour ging, schien sie einem billigen Kriminalroman entsprungen zu sein. «Sie trug immer einen schwarzen Hut, der teilweise das Gesicht verdeckte. Außerdem hatte sie stets einen langen schwarzen Mantel an», erinnerte sich eine Apothekenangestellte. Kam Haubrich zur Tür herein, verlangte sie sofort den Chef. Dieser führte sie zu einem Tisch, auf dem die von ihr zuvor telefonisch bestellten Produkte bereitlagen. Nachdem sie gegangen war, schrieben die Apothekenmitarbeiter den Preis der Waren in ein sogenanntes Schuldenbuch und kennzeichneten sie mit einem Minus. Das Buch enthielt auch den jeweiligen Wert der von Renate Haubrich im Tausch eingereichten Verordnungen – versehen mit einem Plus. Diese Beträge wurden fortlaufend gegeneinander saldiert, sodass immer das aktuelle Guthaben der Medikamentenjägerin ersichtlich war. Es betrug oft mehrere tausend Euro.

Nachdem das gewaltige Rezeptbeschaffungssystem aufgeflogen war, wurden Renate Haubrich und alle beteiligten Apotheker verhaftet und deren Wohn- und Geschäftsräume durchsucht. Am Ende wurde sie zu zwei Jahren und sechs Monaten Gefängnis verurteilt. Die Staatsanwälte konnten ihr Betrug in 132 Fällen nachweisen, zweiundachtzigmal hatte sie Rezepte selbst verändert und damit auch noch Urkundenfälschung begangen. Günther Schmidt erhielt als einziger Apotheker ebenfalls eine Haftstrafe ohne Bewährung: Zwei Jahre und 11 Monate musste er absitzen. Mit ihm hatte Renate Haubrich die höchsten Umsätze gemacht. Die anderen fünf

Pharmazeuten kamen mit Bewährungsstrafen oder Geld-auflagen davon. Typisch für Hopping-Fälle sind die im Vergleich zu anderen Versicherten-Delikten hohen Schäden. Bei einem anderen Fall aus Bayern erschlich sich eine Patientin über 50 000 Euro. Sie war uns bei einer Datenbankanalyse aufgefallen, weil sie enorm viele Ärzte besuchte. Als wir die verordneten Medikamente mit den dokumentierten Erkrankungen und Diagnosen abglichen, bestätigte sich unser Verdacht. Die Medikamente passten nicht zu den Krankheiten, unter denen die Frau angeblich litt. Zudem war die Menge der verordneten Arzneien viel zu hoch, um einen medizinischen Zweck zu erfüllen. Was die Frau mit den erschlichenen Präparaten anstellte, deckte die gesamte Palette krimineller Möglichkeiten ab: Arzneimittelmissbrauch, illegaler Verkauf von Medikamenten, Rezepthandel mit Apothekern. Wir erstatteten deshalb gegen die Patientin Strafanzeige.

Die Rezeptfälscher

Neben dem Ausüben von Druck und Doktorhopping ist das Fälschen oder Stehlen von Rezepten eine gebräuchliche Methode, um an Medikamente zu gelangen. In allzu vielen Praxen liegen Blankoformulare noch immer offen herum – geradezu eine Einladung für Langfinger. Zudem kursieren täuschend echte Vordrucke im Internet. Manche Fälscher kennen eine Krankenschwester, die Rezepte besorgen und so ausfüllen kann, dass der Betrug nicht auffällt. Häufig fälschen solche Insider auch selbst. Bei Arzthelferinnen ist beispielsweise der

«Pillentrick» sehr beliebt: Sie nehmen ein Rezept und stellen es auf einen Patienten und ein beliebiges Medikament aus. Damit gehen sie dann zu einem Apotheker, der die Verordnung gegen eine Packung Antibabypillen tauscht.

Auch Anja Döring war Arzthelferin und fälschte Rezepte. Nicht weil sie kein Kind wollte, sondern weil die Angst sie nicht losließ. Ab 2003 lief alles schief. Fast vierzehn Jahre hatte Anja Döring bis dahin für den Internisten Eckhart Klaus gearbeitet. Sie war in seiner Praxis ausgebildet worden, man vertraute einander. Doch weder der Mediziner noch die anderen Arzthelferinnen wussten etwas vom heimlichen Laster ihrer Kollegin: Frau Döring stellte sich immer häufiger selbst Rezepte für das Schlafmittel Zolpidem aus. Vier Jahre zuvor hatte ihr der Chef das Mittel noch verschrieben. Zu dieser Zeit hatte ein Mann Anja Döring immer wieder bedrängt, bis er wegen Belästigung verurteilt wurde. Doch das psychische Trauma, welches der Stalker bei ihr ausgelöst hatte, verschwand nicht. Anja Döring hatte Angst, kam abends im Bett nicht zur Ruhe. Ohne Zolpidem konnte sie nicht schlafen. Ihr Arzt hatte sie das Medikament sehr lange einnehmen lassen, aber irgendwann weigerte er sich, es weiter zu verschreiben.

Anja Döring kam von den Pillen nicht los. Deshalb verordnete sich die Arzthelferin das Zolpidem kurzerhand selbst. Sie versah die Rezepte mit den Namen verschiedener Patienten, drückte den Arztstempel darauf und fälschte die Unterschrift des Internisten. Dabei achtete sie darauf, die Verordnungen über viele Krankenkassen zu streuen, damit der Betrug nicht auffiel. Fast drei Jahre lang ging das gut.

Dann meldete sich jedoch eine Patientin bei Doktor Klaus und fragte aufgebracht, warum ihr ein Schlafmittel verschrieben worden sei. Ihre ehemalige Krankenkasse habe sich an sie gewendet und verlange Geld zurück. Angeblich sei versucht worden, über ihren Namen das Medikament Zolpidem abzurechnen. Dabei sei sie bereits seit drei Jahren woanders versichert. Außerdem habe sie noch nie etwas von diesem Mittel gehört. Als der Arzt den Namen des Präparats hörte, klingelten bei ihm die Alarmglocken. Zuerst entließ er Anja Döring im Februar fristlos. Im Mai meldete er sich dann bei unserer Krankenkasse und informierte uns über den Betrug. Wir zeigten die ehemalige Arzthelferin an.

Die folgenden Ermittlungen dauerten lange. Zunächst musste aufwendig rekonstruiert werden, welche Rezepte tatsächlich gefälscht worden waren. Denn die Arzthelferin hatte vor ihrer Kündigung sämtliche Verordnungen aus dem Computerprogramm der Arztpraxis gelöscht. Durch das Vergleichen von Unterschriften und das Sichten sämtlicher Arztunterlagen kam heraus, dass Anja Döring über 400 Rezepte im Wert von 4500 Euro für sich selbst ausgestellt hatte. Im Herbst 2007 verurteilte das zuständige Amtsgericht die 36-jährige Frau. Sie muss den entstandenen Schaden in kleinen Raten von monatlich 50 Euro zurückzahlen und eine Suchttherapie im örtlichen Diakonischen Werk absolvieren.

In diesem Rechtsstreit ging es für uns um vergleichsweise wenig Geld. Für die Straftaten von Versicherten ist das durchaus typisch. Die von ihnen erschwindelten Beträge sind meistens nicht so hoch wie die von Ärzten oder Apothekern erbeuteten Summen. Im Durchschnitt verursachen die «Leistungserbringer» Schäden von 20 000 Euro pro Delikt, während die «Leistungsempfänger» ihre Krankenkasse im Mittel um etwa 6000 Euro betrügen.[4] Zumeist verfügen sie nicht über das Insiderwissen, das für die komplexen und gewinnträchtigen Täuschungsmanöver der Medizinkartelle notwendig ist. Das soll ihre Taten jedoch nicht beschönigen: Auch diese Kriminellen schaden den ehrlichen Beitragszahlern und stehlen Geld, welches im Gesundheitssystem dringend benötigt wird. Außerdem bildet diese Kleinkriminalität leicht den Nährboden für größere schmutzige Geschäfte. In der Halbwelt des Gesundheitswesens wächst das Interesse an gestohlenen Versicherungskarten ebenso wie an gefälschten Rezepten. Damit lassen sich begehrte Medikamente in größerem Maßstab beschaffen und illegale Geschäfte besser vertuschen. Ein gutes Beispiel dafür ist eine sehr spezielle Form der Rezeptfälschung, mit der sich äußerst viel Geld verdienen lässt: der Handel mit sogenannten Wachstumshormonen, einem weiteren Beispiel für organisierte Kriminalität.

Die Muskelmafia

Mario Schild wollte den Titel. Nach der Scheidung, dem Verlust der Kinder, nach all den Jahren als Raumausstatter hatte er endlich die Gelegenheit, berühmt zu werden. Im Mai 2003 konnte er bei den Meisterschaften im Bodybuilding ganz oben auf dem Siegertreppchen stehen. Der 35-Jährige wusste, dass er gute Chancen hatte. Schließlich trainierte er im

Fitnesscenter von Peter Möller, einem der renommiertesten Studios in ganz Europa, das schon viele Champions hervorgebracht hatte. Mario Schild und Peter Möller mochten sich, der Fitnesscoach machte ihm Mut. Aber den Hobbyathleten plagten dennoch Zweifel: Ließ ihm seine Arbeit genug Zeit für das Training? War die Konkurrenz vielleicht doch zu stark? Da kam ihm der Zufall zu Hilfe. Ob er einen Apotheker kenne, der Rezepte für Wachstumshormone einlösen könne, fragte ihn Möller eines Tages. Und Mario Schild kannte einen.

Der Trainer erklärte seinem Schützling, was er vorhatte: Er wolle künftig Rezepte für das Präparat Genotropin besorgen, welches in Bodybuilder-Kreisen als gutes Dopingmittel für schnelles Muskelwachstum gilt. Er brauche allerdings jemanden, der die Verordnungen mit der Krankenkasse abrechnete und das Wundermittel bei einem Pharmagroßhändler bestellte.

Mario Schild schaltete sofort. Wenn er sich an diesem Deal beteiligte, würde auch für ihn Genotropin abfallen. Dann hatte er die Meisterschaft so gut wie sicher. Deshalb bot er an, die Rezepte eigenhändig zu dem mit ihm befreundeten Pharmazeuten zu bringen und den Muskelbooster abzuholen. Damit war der Handel besiegelt, nur der Apotheker musste noch mitmachen.

Und er machte mit. Zu verführerisch klang das Geschäft. Wenn der Apotheker die versprochenen Rezepte mit den Krankenkassen abrechnete, würde sein Umsatz sprunghaft steigen. Denn Genotropin ist ein sehr teures Präparat, 100 Milligramm kosten etwa 6000 Euro. Zwar gibt es Billigimitationen aus Asien, doch Bodybuilder schwören auf das

Original des amerikanischen Herstellers Pfizer. Eigentlich verschreiben Ärzte das kostspielige Medikament, um Kleinwuchs und einige sehr seltene Krankheiten zu behandeln. Doch seitdem die Szene der Muskelprotze die Wachstumshormone für sich entdeckt hat, existiert ein reger Schwarzmarkt. Sportmediziner von der Universität Lübeck haben herausgefunden, dass fast jeder fünfte Fitnessstudio-Besucher Anabolika schluckt. Zu achtzig Prozent kommen diese Medikamente aus dunklen Quellen, der Rest wurde von Hausärzten verschrieben. In zehn Prozent der Fälle waren die Trainer am Anabolika-Handel beteiligt. Etwa sieben Millionen Menschen trainieren derzeit in Deutschland ihre Muskeln.

Selbst wenn die Zahlen aus Lübeck halbiert würden, gäbe es demnach hierzulande etwa 700 000 Hormonschlucker. Der Anabolika-Forscher Luitpold Kistler geht davon aus, dass jeder professionelle Bodybuilder Stereoide schluckt.[5] Viele kommen von ihren Bizepspillen nicht mehr weg. Etwa 75 Prozent derjenigen, die sie einmal geschluckt haben, nehmen sie danach regelmäßig.

Ein lukrativer Markt also, der von Kleinkartellen kontrolliert wird, die um die exorbitanten Gewinne konkurrieren. Sich mit ihnen einzulassen kann gefährlich werden. Schließlich haben diese Gangster sowohl das Geld als auch die Muskelkraft, um Menschen, die ihren Plänen im Weg sind, auf die eine oder andere Weise ruhigzustellen. Doch das schreckte weder Mario Schild noch den mit ihm befreundeten Apotheker.

Weil Schild unbedingt Meister werden wollte, ließ er sich auf den Handel ein und erledigte die Botengänge für das Kartell seines Trainers. Innerhalb von sechs Monaten gab er 94 Rezepte in der Apotheke ab. Die Verordnungen stammten angeblich aus verschiedenen Kliniken in Göttingen und von einem Unfallchirurgen aus Hessen. Wie die Polizei später herausfand, wurden die täuschend echt wirkenden Formulare dort jedoch niemals ausgestellt. Sie waren allesamt Fälschungen. Dies zeigt, welch professioneller Methoden sich die Hormon-Hehler bedienen. Leisten können sie es sich – jede Verordnung, die Peter Möller seinem Kurier mitgab, war über 6000 Euro wert. Damit betrog das Trio die Krankenkassen um über eine halbe Million Euro. Für Mario Schild zahlte sich das Geschäft auch persönlich aus – er gewann seinen Meistertitel. Einem ehrlichen Apotheker hätten die dubiosen Verordnungen trotz geschickter Fälschung übrigens auffallen müssen. Schließlich befand sich unter den angeblichen Hormon-Patienten eine 80-jährige Frau.

Als die Polizei den Genotropin-Gangstern auf die Schliche kam, leugneten die drei Männer zunächst. Möller war der Einzige, der dies bis zum Schluss durchhielt. Er wurde zu drei Jahren Haft verurteilt. Weil sie geständig waren und Reue zeigten, kamen seine Kumpane mit zwei Jahren auf Bewährung davon. Für den Apotheker wirkte sich strafmildernd aus, dass er den Schaden zu großen Teilen zurückzahlen wollte und dieses Versprechen tatsächlich einlöste.

Von wem die Rezepte gefälscht wurden und mit welchen Hintermännern der Trainer zusammengearbeitet hatte, bekamen die Fahnder bis zum Schluss nicht heraus. Die Muskelmafia hatte offenbar für Schweigen gesorgt.

An diesem Fall lässt sich sehr gut erkennen, dass die organisierte Kriminalität auf kleineren Vergehen aufbaut.

Obwohl die Polizei die Quelle der Patientendaten nicht ermitteln konnte, liegt die Vermutung nahe, dass sie zumindest teilweise von gestohlenen oder unter dubiosen Umständen geliehenen Versichertenkarten stammen. Und beim Fälschen der Rezepte gehen den Syndikaten zuweilen Insider aus den entsprechenden Berufen zur Hand. Das beschränkt sich keinesfalls auf die Hormon-Händler. Es gibt auch Fälle, in denen sich findige Geschäftemacher die Versichertenkarten aus ihrem Umfeld besorgen. Für eine Gegenleistung in bar oder in Medikamenten überlassen sie dann Medizinern die Karten. Diese nutzen sie für ihre krummen Geschäfte – etwa den Handel mit Luftrezepten. Man kann mit Urkundenfälschung und Betrug aber auch ganz anders zu Geld kommen: mit dem Erschleichen von Sozialleistungen.

Kerstin Höller hatte es wahrlich nicht leicht. Probleme mit Geld, Alkohol und Krankheit prägten ihr Leben. Deshalb verbrachte die Frau aus einem kleinen Ort in Franken immer wieder mehrere Wochen in verschiedenen Kliniken. Dann kam eine Tochter zur Welt. Nun brauchte sie jemanden, der auf die kleine Bonnie aufpasste, während sie im Krankenhaus lag. Ihre Mutter und die Schwester ihres Lebensgefährten, die im selben Haushalt lebte, wechselten sich mit dieser Aufgabe ab. So ging das über mehr als zehn Jahre. Gleich nach der Geburt beantragte Kerstin Höller das erste Mal eine Haushaltshilfe.

Zwar unterstützen die Krankenversicherungen Menschen, die ein Kind unter zwölf Jahren haben und ihren Haushalt nicht selbst führen können. Der Grund dafür kann zum Beispiel ein Klinikaufenthalt sein. Aber es gibt noch eine weitere Bedingung: Wenn sich ein anderes Mitglied der Familie oder eine im selben Haushalt lebende Person um das Kind kümmern kann, wird nicht gezahlt. Kerstin Höller wusste das und hatte in ihrem Antrag bewusst gelogen. Und sie bezahlte die Haushaltshilfen noch nicht mal, obwohl die Krankenkasse ihr dafür das Geld überwies.

Jahrelang blieb der Betrug unbemerkt. Bis zum September 2006: Kerstin Höller war persönlich in die Außenstelle gekommen, um den Antrag auf eine Haushaltshilfe auszufüllen. Als sie erklären sollte, warum ihr Lebensgefährte nicht auf das Kind aufpassen konnte, verstrickte sie sich in Widersprüche. Und die babysittende Schwester gestand alles – sicher auch, weil sie kein Geld erhalten hatte. Insgesamt hatte sich Kerstin Höller über 9000 Euro erschlichen. Als wir sie 2007 anzeigten, erfuhren wir erst das wahre Ausmaß ihrer Probleme. Offenkundig konnte sie zu dieser Zeit nicht für sich und das Kind sorgen. Deshalb bestimmte ein Gericht einen Vormund. Außerdem musste sie sich einer Suchttherapie unterziehen. Im Sommer desselben Jahres wurde sie verurteilt, 150 Tagessätze à 15 Euro an uns zu zahlen. Mehr wird ihr auf absehbare Zeit nicht möglich sein.

Bei Kerstin Höller hat die Justiz schnell und effektiv gehandelt, ebenso bei der Arzthelferin Anja Döring und dem Bodybuilder Mario Schild. Das ist kein Zufall. Im Vergleich zu Ärzten und Apothekern werden Patienten überdurchschnittlich häufig und erfolgreich von den Strafverfolgungsbehörden belangt. Kriminologen haben herausgefunden, dass die Krankenkassen nur in einem von zehn Fällen gegen Leistungsempfänger ermitteln. In den Verfahren der Staatsanwaltschaften machen die Versicherten dennoch ein Viertel der Beschuldigten aus – ein überproportional hoher Anteil.

Dabei verüben die Versicherten nicht nur weniger Straftaten im Gesundheitssystem, sie verursachen zudem geringere Schäden als die Täter in Weiß. Das Ungleichgewicht bei der Strafverfolgung wird noch dadurch verstärkt, dass Verfahren gegen Ärzte und andere Gesundheitsdienstleister sehr häufig wegen Geringfügigkeit oder mit einem sogenannten Deal eingestellt werden.

Für dieses Missverhältnis gibt es mehrere Gründe. Der wichtigste liegt in den Delikten begründet, die von Versicherten begangen werden. Meist geht es um klassischen Betrug, bei dem sich leicht nachweisen lässt, wer wen getäuscht und geschädigt hat. Es sind kaum sozialrechtliche Besonderheiten zu beachten. Deshalb wenden sich Staatsanwälte diesen Vergehen häufig mit weitaus mehr Elan zu als den hochkomplexen Betrugsverfahren gegen alle anderen Akteure im Gesundheitssystem.

Aber die Krankenkassen tragen ebenfalls zu diesem Missstand bei. Weil viele Ermittler wissen, wie sich die Staatsanwälte und Richter verhalten, zeigen sie das Fehlverhalten von Versicherten vergleichsweise häufiger an. Verschärft wird diese Tendenz noch dadurch, dass die beschuldigten Patienten sich selten Verteidiger derselben Güte leisten können wie Ärzte und andere Leistungsanbieter – oder happige Geldzahlungen, um eine Anklage oder Verurteilung abzuwenden. Die Strafverfolger wie auch die Krankenversicherungen müssen deshalb aufpassen, dass sie nicht zu den Geburtshelfern einer Zweiklassenjustiz werden.

Sieben Vorschläge, wie wir die Täter stoppen können

Ob Arzt oder Apotheker, Sanitätshausbesitzer oder Masseur – sie alle können zu Betrügern werden. Auch wir selbst, als Patienten, sind davor nicht gefeit. Zu groß ist die Versuchung in einem System, in dem lückenlose Kontrollen kaum möglich sind. Skrupel kennt die Gesundheitsmafia nicht. Menschen, die nie auf den Gedanken kämen, in das Haus ihres Nachbarn einzubrechen oder einer alten Frau die Handtasche zu entreißen, haben keinerlei Bedenken, all jene auszunehmen, die ehrlich ihre Beiträge bezahlen und dafür eine gute medizinische Versorgung erwarten. Jedes gefälschte Rezept, jede zu viel abgerechnete Vorsorgeuntersuchung und jeder Chipkartenbetrug türmt sich in der Masse zu einem Milliardenbetrag auf, der den Krankenkassen und damit den Patienten jährlich fehlt. Das muss nicht so bleiben.

Auf den vorangegangenen Seiten habe ich immer wieder verdeutlicht, wo die Schwachstellen des Gesundheitssystems liegen, die es Tätern so leicht machen, sich auf Kosten der Gemeinschaft zu bereichern. Ich möchte in sieben Punkten aufzeigen, was wir dagegen unternehmen können.

In manchen Fällen ist mehr Zusammenarbeit zwischen allen Beteiligten nötig, einige Maßnahmen müssten von neuen Gesetzen gestützt werden, und wieder andere erfordern einen grundlegenden Wandel. Niemand möchte einen allgegenwärtigen Kontroll- und Überwachungsapparat, der Patienten und Ärzten auf Schritt und Tritt folgt. Das wäre auch kaum zu bewerkstelligen. Stattdessen benötigen wir praktische Vorschläge, die den Tätern die meisten Wege verbauen, die ihnen bisher offenstehen. Für die Umsetzung dieser Ideen braucht es aber Mut. Wir alle könnten davon profitieren.

1. Rechte einfordern

Seit langem haben Patienten die Möglichkeit, von ihrer Krankenkasse eine sogenannte Versichertenauskunft über alle für sie abgerechneten Leistungen zu erhalten – ohne dass etwa der Arzt oder Physiotherapeut davon erfährt. Außerdem haben Patienten das Recht, sich von ihrem Arzt dessen Leistungen samt Kosten bescheinigen zu lassen. Wahlweise können sie nach jedem Besuch eine Tagesquittung einfordern oder sich per Quartalsquittung eine Übersicht zukommen lassen.

Bisher nehmen die Patienten diese Rechte jedoch kaum wahr. Der Anspruch auf Versichertenauskunft ist offenbar zu wenig bekannt. Und viele Menschen haben möglicherweise die Befürchtung, der Arzt könnte die Forderung nach einer Patientenquittung als Misstrauen auslegen. Zudem hat die Quittung beschränkte Aussagekraft. Denn sie wird mit den tatsächlich abgerechneten Leistungen nicht abgeglichen.

Optimal wäre ein Online-Zugriff durch jeden Versicherten auf das eigene Leistungskonto. Würde jemand dabei Auffälligkeiten feststellen, könnte er sich auf verschiedene Weise an uns wenden: per Post, Telefon, E-Mail oder über das bereits erwähnte Hinweisgebersystem BKMS. Bisher haben wir mit Hilfe dieses Systems schon viele wertvolle Tipps bekommen, es könnten aber noch mehr werden. Diese Möglichkeit fördert übrigens selbst bei anonymen Hinweisen keinesfalls das Denunziantentum. Denn durch gezieltes Nachfragen lässt sich schnell herausfinden, welche Motivation sich hinter dem Tipp verbirgt. Bevor wir gegen jemanden vorgehen, prüfen wir die Hinweise sehr genau.

Daneben sollten sich Patienten mehr als bisher bei ihrer Krankenkasse über gute und günstige Anbieter informieren. Egal, ob es darum geht, herauszufinden, wo Zuzahlungen für Hilfsmittel geringer ausfallen, oder einen vertrauenswürdigen Zahnarzt für eine zweite Meinung zur Kieferoperation zu vermitteln – die Krankenkassen sind dazu verpflichtet, ihre Versicherten in solchen Dingen zu beraten. Wer diesen Service ausprobieren möchte, sollte einfach mal «Zweite Zahnarztmeinung» in einer Internet-Suchmaschine eingeben. Die Beratung beschränkt sich nicht auf Ärzte. Eine Krankenversicherung darf zum Beispiel auch darüber Auskunft geben, welches Sanitätshaus für bestimmte Leistungen keine Aufschläge verlangt.

Patienten sollten aber ebenso ihre Rechte kennen und durchsetzen. Ich möchte im Folgenden praktische Hinweise geben, was Patienten tun können, um den Betrügern in weißen Kitteln ihr Handwerk zu erschweren:

- Wechseln Sie Therapeuten und Ärzte, wenn Sie unzufrieden sind. Unterschreiben Sie für Behandlungen beim Therapeuten immer erst *nach* jeder Sitzung. Und leisten Sie – außer der gesetzlichen – keinerlei Zuzahlungen, es sei denn, Sie haben sich aus freien Stücken für eine erweiterte oder verbesserte Leistung entschieden, nachdem Sie sich vorher über den Nutzen gut informiert haben.

- Wenn Sie zum Beispiel eine besondere Behandlungsform wie Lymphdrainage verordnet bekommen haben, sollten Sie in der physiotherapeutischen Praxis nach Qualifikationsnachweisen fragen. Denn es geht immerhin um Ihre Gesundheit.

- Bestehen Sie darauf, dass Ihnen der Arzt das Rezept aushändigt, und suchen Sie sich dann einen Apotheker oder Physiotherapeuten eigener Wahl. Hierbei kann Sie Ihre Krankenkasse unterstützen.

- Hüten Sie Ihre Krankenversicherungskarte genauso sorgfältig wie Ihre Kreditkarte. Sie ist bares Geld wert. Oftmals gehen wir zu nachlässig mit ihr um. Man bekommt ja sofort eine neue Karte, wenn die alte weg ist. Das Gesundheitssystem wird von einer einzigen vagabundierenden Karte wohl kaum finanziell ausbluten. Aber alle zusammen können einen gehörigen Schaden verursachen.

- Seien Sie wachsam, wenn Sie eine bestimmte Therapie oder eine spezielle Untersuchung in Anspruch nehmen, die Sie als Privatleistung selbst bezahlen. Dafür ist keine

Praxisgebühr fällig. Geben Sie dem Arzt auf keinen Fall Ihre Chipkarte. Ihre Daten kann er auch anhand Ihres Personalausweises prüfen. Kriminelle Mediziner könnten die Karte dazu verwenden, neben der Privatleistung noch identische Leistungen über die Kassenärztliche Vereinigung abzurechnen und auf diese Weise doppelt zu kassieren – einmal von Ihnen direkt und ein zweites Mal von Ihnen als Beitragszahler, der das ärztliche Honorar über seine Krankenkasse finanziert.

• Wenn Sie einen Termin zur Vorsorge haben, müssen Sie ebenfalls keine Praxisgebühr bezahlen. Dass diese trotzdem häufig vorab verlangt wird, könnte darauf hinweisen, dass Ihr Arzt Leistungen abrechnen will, die über die Vorsorgeuntersuchung hinausgehen – auch wenn sie nicht erbracht werden.

• Wenn Sie eine Beitragsrückzahlung mit Ihrer Krankenkasse vereinbart haben, dann können Sie selbstverständlich Vorsorgeuntersuchungen durchführen lassen, ohne dass dies Ihre Rückzahlung gefährdet. Aber auch hier gilt: Wenn Sie die Praxisgebühr trotz reiner Vorsorge zahlen, kann der Arzt weitere Behandlungen abrechnen. Eben auch nicht erbrachte Leistungen, ohne dass dies unbedingt auffällt. Und diese abgerechneten Behandlungen stehen dann einer Beitragsrückzahlung entgegen. Informieren Sie Ihren Arzt also, dass Sie wegen Ihres Rückzahlungstarifs nur eine reine Vorsorge erhalten wollen und keine andere Behandlung wünschen. Denn wenn Ihr Arzt Sie bei der Vorsorgeuntersuchung fragt: «Wie geht es Ihnen sonst so?», und Sie lediglich antworten: «Von meiner Wetterfühligkeit abgesehen ganz gut», könnte er bereits auf die Idee kommen, eine zusätzliche Beratung abzurechnen – und Ihre Rückzahlung ist futsch.

• Ihr Arzt ist verpflichtet, seine Behandlungen grundsätzlich selbst durchzuführen. Das bedeutet zwar nicht, dass er wirklich jeden Handschlag selbst machen muss. Er kann manches auch nichtärztlichen Mitarbeitern übertragen. Nicht jedoch die sogenannten höchstpersönlichen Leistungen. Dazu gehören: die Verordnung von verschreibungspflichtigen Arzneimitteln; die Erstellung der Anamnese, d. h. die im Gespräch ermittelte Vorgeschichte eines Patienten in Bezug auf seine aktuelle Erkrankung; die Bestimmung des Krankheitsbildes und der erforderlichen Therapie; die Untersuchung des Patienten einschließlich diagnostischer Leistungen; das Bestimmen der Diagnose; die Aufklärung und Beratung des Patienten; die Entscheidung über die Therapie und die Durchführung aller Therapien, bei denen in den Körper des Patienten eingedrungen wird (invasiv), einschließlich operativer Eingriffe (hierzu gehören eine Endoskopie wie auch ein Abstrich der Nasenschleimhaut). Auch die Ultraschalluntersuchung (Sonographie) darf der Arzt nicht an medizinisches Fachpersonal delegieren.

• Was auf Mitarbeiter übertragen werden darf, hängt maßgeblich von deren Qualifikation ab. In jedem Fall gilt: Der Mitarbeiter muss die ihm übertragenen Aufgaben so gut erledigen, dass sie qualitativ den Anforderungen der Delegation entsprechen. Für die Ergebnisqualität ist der Arzt verantwortlich. Er muss sich zudem in Rufweite aufhalten. Außerdem hat er jede delegierte Behandlung im Einzelfall vorher anzuordnen. Unter dieser Bedingung können auch Blutentnahmen vor Beginn der Sprechstunde vom Personal durchgeführt werden, wenn der Arzt jederzeit kurzfristig in der Praxis anwesend sein kann. Mit jeder Behandlung, die ein Arzt unter Verstoß gegen diese Vorschriften abrechnet, begeht er einen Betrug. Etwa, wenn er sein Praxispersonal aufgrund einer generellen Anweisung intravenöse Injektionen, Infusionen und Blutentnahmen durchführen lässt. Diese Vorgaben sollen zum Wohl des Patienten die Qualität der Behandlung sichern und Risiken ausschließen.

2. Mehr Strafanzeigen

Viele Krankenkassen behandeln Betrüger noch immer zu zaghaft. Sie zeigen nicht einmal 3 Prozent aller Verstöße an, die ihnen bekannt sind. Im Jahr 2004 erstattete nur ein Prozent der Krankenversicherungen überhaupt eine Anzeige, ein Jahr später war es noch immer nur jede zehnte. Diese Trägheit hat einen einfachen Grund: Die Krankenkassen sind erst seit 2004 verpflichtet, mit einem Verdacht, der nicht nur geringfügig ist, zum Staatsanwalt zu gehen. Wann ein Vergehen als «geringfügig» gilt, ist dabei nicht einheitlich geregelt. Der Spielraum ist also recht groß. Kommt ein Abrechnungsfälscher bei der einen Krankenversicherung mit einer Geldzahlung davon, muss er bei einer anderen mit einer Anzeige rechnen. Mit dem Grundsatz, dass jedermann vor dem Gesetz gleich ist, lässt sich das nur schwer vereinbaren.

Zudem müssen die Krankenkassen lernen, nicht nur den eigenen Verlust im Blick zu haben – fast immer schädigen Betrüger nämlich nicht nur wenige, sondern alle Krankenkassen. Selbst wenn eine Versicherung nur um 100 Euro erleichtert wurde, kann der Schaden insgesamt viel größer sein. Dennoch lassen viele Kassenermittler vermeintlich kleine Fische offenbar davonkommen. Vielleicht sind viele Krankenkassen noch hauptsächlich daran interessiert, ihr Geld zurückzuerhalten. Das ist verständlich, schließlich sollen sie vor allem eine gute medizinische Versorgung ihrer Versicherten garantieren. Dies darf aber nicht dazu führen, dass automatisch eine Anzeige ausbleibt, wenn ein ertappter Sünder den Schaden wiedergutmacht.

Das ist aus drei Gründen fatal: Zum einen hinterlässt diese Praxis bei den Tätern den Eindruck, sie könnten sich freikaufen. Zum anderen fürchten Ärzte und Apotheker nichts so sehr wie den Verlust ihres Ansehens; daher wirkt die Angst davor, dass ihre Taten öffentlich verhandelt werden, sehr viel abschreckender als Rückzahlungen oder Vertragsstrafen, von denen niemand etwas erfährt. Jede Anzeige sendet ein deutliches Signal an die Täter und solche, die es eventuell noch werden könnten: Straftaten werden nicht geduldet!

Um den Missstand zu beseitigen, gäbe es drei praktikable Möglichkeiten: Der Gesetzgeber könnte einen fixen Betrag bestimmen, ab dem die Krankenkassen einen Übeltäter anzeigen müssen. Dies würde für Rechtssicherheit sorgen und kleine Delikte unberücksichtigt lassen. Die zweite Möglichkeit wäre eine grundsätzliche Anzeigepflicht unabhängig von der Höhe des Schadens. Da die Ermittler bereits jetzt überlastet sind, dürfte dies kaum umsetzbar sein, denn es würde voraussetzen, dass die Justiz deutlich mehr Ressourcen und fachlich geschultes Personal zur Verfügung hätte.

Eine letzte Option wäre eine stärkere Kontrolle der Krankenkassen etwa durch die jeweilige Aufsichtsbehörde. Versicherungen, die ihre Verdächtigen auffällig oft mit Samthandschuhen anfassen, kämen dann in Erklärungsnot. Denkbar wäre auch ein Ranking der Krankenkassen. Das würde die Arbeit der Ermittlungsstellen transparenter machen.

3. Schluss mit der Zweiklassenjustiz

In den meisten Fällen haben die Behörden kaum Schwierigkeiten, gegen kriminelle Patienten zu ermitteln. Deren Methoden lassen sich in der Mehrzahl dem klassischen Muster des Betrugs zuordnen und gehören damit zum Standardrepertoire der Staatsanwälte.

Ganz anders ist die Lage bei Apothekern, Ärzten oder gar Krankenhäusern. Hier sehen sich viele staatliche Ermittler mit riesigen Problemen konfrontiert. Zum einen sind die Fälle häufig keine Routinearbeit. Wer diese Straftaten aufklären will, muss sich in die Verästelungen des Sozialrechts begeben. Dessen Regularien unterscheiden sich oft von den Prinzipien, nach denen die Justiz normalerweise arbeitet.

Hinzu kommen die aufwendigen Durchsuchungen – sie müssen, weil es sich meist um mehrere Täter und Tatorte handelt, gut koordiniert werden. Nicht selten sind hundert

Beamte gleichzeitig mit den Durchsuchungen beschäftigt. Und das ist erst der Anfang. Danach sind häufig viele Umzugskartons mit beschlagnahmtem Material zu sichten, zu erfassen und vor allem auszuwerten.

Problematisch ist dabei nicht allein die Menge. Wer Straftaten im Gesundheitswesen aufklären will, muss sich oftmals in mehreren Fachgebieten auskennen. Sozialrecht ist an der Universität kein Pflichtfach, und die wenigsten Ermittler sind damit vertraut. Es ist eine echte Herausforderung, sich durch Papierberge mit Patientenakten und Diagnosebeschreibungen zu wühlen. Man muss zugleich therapeutische Zusammenhänge, die Feinheiten des Abrechnungswesens und die zwischen Krankenkassen und Verbänden ausgehandelten Vertragswerke verstehen und Verknüpfungen zwischen diesen Gebieten herstellen.

Das kostet Zeit, während andere Arbeit liegenbleibt. Deshalb versuchen etliche Staatsanwälte und Richter, solche Verfahren nach Möglichkeit vorzeitig zu beenden – zum Beispiel durch Einstellung. Der Ruf nach mehr Personal liegt da nahe. Aber dieser Missstand wäre auch dadurch zu beheben, dass die Justizbehörden Sonderdezernate und Staatsanwaltschaften mit Spezialgebieten schaffen. Wo das nicht möglich ist, könnten die Behörden Mitarbeiter einstellen, die in den Besonderheiten des Sozialrechts geschult sind. Eine Spezialisierung könnte auch die Arbeit der Gerichte erleichtern.

Es ist zudem alarmierend, dass Staatsanwälte und Richter die Patienten anders behandeln als etwa Ärzte, Apotheker und andere Leistungsanbieter. Während die Verfahren gegen die Täter in weißen Kitteln in vielen Fällen eingestellt werden, werden die übrigen Beschuldigten regelmäßig angeklagt oder verurteilt. Wie die Kriminologen der Leibniz Universität Hannover herausfanden, stellten die Strafverfolger die Verfahren, bei denen ihnen die strafrechtliche Beurteilung schwerfiel, in mehr als der Hälfte der Fälle ein. Das ist aus mehreren Gründen verhängnisvoll: Erstens verursachen Ärzte und andere kriminelle «Leistungserbringer» im Durchschnitt weit höhere Schäden als Versicherte. Zweitens haben sie sehr viel bessere Möglichkeiten, kriminelle Netzwerke zu bilden und diese auch zu nutzen. Nicht zufällig spielen in den beschriebenen Korruptionsfällen Mediziner eine so prominente Rolle. Dass dies die Fälle komplexer macht, ist absehbar. Aber gerade Seilschaften, Vetternwirtschaft und Korruption schaden einer Gesellschaft langfristig sehr viel mehr als einzelne Fälschungen oder Betrügereien. Deshalb sollten sie auch schärfer verfolgt werden.

Außerdem wäre es fatal, wenn der Eindruck entstünde, die Justiz sei nicht in der Lage, die kriminellen Strukturen im Gesundheitswesen zu verfolgen. Damit würde korruptes Verhalten indirekt belohnt. Zu guter Letzt hängt die Vorzugsbehandlung von Ärzten und Apothekern wie gezeigt auch damit zusammen, dass diese über mehr Geld verfügen als die meisten beschuldigten Krankenversicherten. Sie können demzufolge auch hohe Geldauflagen bezahlen. Dass die Justiz dies nutzt, um sich zu entlasten, ist zwar verständlich. Doch damit wird den Tätern und der Öffentlichkeit signalisiert, Wohlhabende könnten sich freikaufen. Nichts wäre jedoch so verheerend wie das Bild eines Rechtsstaates, der mit zweierlei Maß misst.

4. Nötige Gesetze erlassen

Dass die Justizbehörden entschlossener gegen Kriminelle im Gesundheitswesen vorgehen müssen, ist offensichtlich. Doch ihre Arbeit wird ihnen auch unnötig schwergemacht. Es mangelt seit Jahren nicht nur an Ressourcen, sondern auch an den erforderlichen Gesetzen. Zurzeit gibt es für Abrechnungsbetrug keinen gesonderten Tatbestand. Deshalb muss die Justiz den herkömmlichen Betrugsparagraphen 263 des Strafgesetzbuches anwenden. Dieser geht aber vom sogenannten wirtschaftlichen Schadensbegriff aus und ist ein reines Vermögensdelikt. Das heißt im Klartext: Er ist ausschließlich zum Schutz des Vermögens ins Gesetz geschrieben worden.

Damit eine Tat als Betrug gilt, muss sie zu einem tatsächlichen, objektiv messbaren finanziellen Verlust geführt haben – indem beispielsweise nicht erbrachte Leistungen abgerechnet werden.

Aus diesem Grund fällt es der Justiz so schwer, mit Ärzten umzugehen, die ihre Patienten zu bestimmten Gesundheitshandwerkern schleusen, Untersuchungen zu oft oder nicht persönlich durchführen. Solche Vergehen entsprechen nicht dem Muster des klassischen Betrugs und fallen deshalb durch das Raster der Strafverfolgung. Denn in allen Fällen werden die Leistungen ja einwandfrei erbracht – so sehen es jedenfalls viele Richter und Staatsanwälte.

Dabei sagt die Rechtsprechung von Deutschlands höchsten Gerichten längst etwas anderes. Laut ihren Urteilen entsteht auch bei einwandfrei erbrachten Leistungen ein Schaden, wenn bei der Arbeit gegen wesentliche formale Bestimmungen verstoßen wurde. Deshalb gelten zu oft durchgeführte Vorsorgeuntersuchungen zum Beispiel als nicht ordnungsgemäß erbrachte Leistung. Die Krankenversicherung darf ihr Geld in solchen Fällen zurückfordern. Und der Schaden kann strafrechtliche Konsequenzen haben. Wenn die Ärzte die Therapie ansonsten einwandfrei durchgeführt haben, dürfen sie allerdings mit milderen Strafen rechnen.

Diese Rechtsauffassung ist zum einen vielfach nicht bekannt und wird andererseits sowohl in der Literatur als auch von Staatsanwälten und Strafgerichten sehr kritisch betrachtet. Im Ergebnis führt das dazu, dass diese Rechtsprechung oftmals nicht angewandt wird. Begründung: Wer keine messbaren Einbußen erlitten habe, werde auch nicht geschädigt.

Mit gutem Grund gilt in der Rechtsprechung das Prinzip «Keine Strafe ohne Gesetz». Deshalb sollte ein spezieller Straftatbestand des «Sozialversicherungsbetruges» geschaffen werden, der die bisherige Gesetzeslücke schließen würde. Dass dies möglich ist, zeigt der Straftatbestand des Subventionsbetruges, der unter ähnlichen Vorzeichen entstanden ist. Der Schutz der Menschen vor Krankheiten ist eine der Hauptaufgaben des Staates. Dieser Pflicht ist der Gesetzgeber durch die Einführung der gesetzlichen Krankenversicherung nachgekommen. Doch das reicht nicht aus. Der Staat muss diejenigen bestrafen können, die ihn daran hindern, diese Aufgabe zu erfüllen. Deshalb dürfen wir in diesem Zusammenhang nicht nur das Vermögen schützen. Andere Rechtsgüter sollten ebenfalls durch den Staat geschützt werden.

Das Bundesverfassungsgericht hat etwa «die Sicherung der finanziellen Stabilität und damit die Funktionsfähigkeit der gesetzlichen Krankenversicherung als eine Gemeinwohlaufgabe des Staates von überragendem Interesse» bezeichnet. Oder anders ausgedrückt: Wenn wir die Fundamente des Gesundheitssystems nicht rechtlich absichern, wird es einstürzen. Abrechungsbetrug gezielt und nachhaltig zu verfolgen wäre ein großer Schritt in die richtige Richtung. Dies würde zudem helfen, einen fairen Wettbewerb zwischen den Dienstleistern im Gesundheitswesen sicherzustellen.

5. Mehr Kontrolle

Wie gezeigt, ist das Abrechnungssystem im Gesundheitswesen wenig transparent. Die Wege des Geldes und die Wege der Waren kreuzen sich nie. Ob ein Apotheker tatsächlich ein Präparat herausgegeben hat oder einfach nur ein Luftrezept abrechnet, erfährt die Krankenkasse erst, wenn sie nachforscht. Denn dies wissen nur die Versicherten. Ähnlich sieht es mit einer ärztlichen Therapie aus. Hier müsste die Versicherung ebenfalls erst einen Verdacht haben und ermitteln, bevor sie weiß, ob ein Mediziner einen Patienten wirklich behandelt hat. Natürlich werden die Abrechnungen von Ärzten, Apothekern oder Physiotherapeuten regelmäßig geprüft – aber eben nur stichprobenartig und nicht bis ins kleinste Detail. Der Grund dafür ist das beschriebene Vertrauensprinzip im Gesundheitswesen. Solange dieses Prinzip gilt, fühlen sich die Falschspieler in Weiß sicher.

Das lässt sich ändern. Eine alles umfassende Prüfung von Abrechnungsunterlagen wäre elektronisch möglich, aber wohl unangemessen teuer. Die Kriminologen aus Hannover schlagen dagegen vor, dass beispielsweise die Apotheker neben ihren Rezepten noch eine Bestätigung für das Bestellen der Präparate einreichen müssen. In welcher Form dies geschehen soll, wäre noch zu überlegen. Denkbar wäre eine Quittung, die zusammen mit der monatlichen Rezeptabrechnung elektronisch an die Krankenkassen geliefert wird – zumindest bei Arzneimitteln, die nach Vorlage des Rezeptes erst bestellt werden müssen, etwa den wegen ihrer hohen Preise für Betrüger attraktiven Krebsmedikamenten oder Wachstumshormonen. Aber auch eine solche Bestätigung ließe sich wohl fälschen.

Die Manipulation der Pharmazentralnummern auf den Rezepten könnte man durch effektivere Kontrollen eindämmen. Würden die Abrechnungsunternehmen künftig die vom Apotheker angegebenen Nummern mit den vom Arzt verschriebenen Medikamenten vergleichen, wären viele Ganoven sofort enttarnt. Das sind nur zwei Beispiele. Ein allumfassendes Risikomanagementsystem würde Hunderte zusätzlicher Prüfvorgänge und große Investitionen erfordern, die nicht allein von den Krankenkassen und deren Mitgliedern finanziert werden könnten. Würde eine solche Supersoftware entwickelt, müsste das mit Steuergeldern maßgeblich gefördert werden.

Die Wirkung wäre allerdings enorm: Diese einmalige Investition würde nämlich das Risiko, entdeckt zu werden, um ein Vielfaches erhöhen – und damit auch die Angst der Täter, entlarvt zu werden. Langfristig ginge die Kriminalität im Gesundheitswesen wohl zurück, und wahrscheinlich hätte sich diese Ausgabe schon nach einigen Jahren rentiert.

6. Mehr Zusammenarbeit

Die Krankenkassen müssen bei der Bekämpfung von Abrechnungsbetrug stärker und effizienter kooperieren. Zwar sind sie zur Zusammenarbeit verpflichtet, doch erschweren unklare Regeln diese Aufgabe. Manche Datenschützer vertreten etwa die Auffassung, dass die Krankenkassen in ihrem Kampf gegen Falschabrechner keine personenbezogenen Daten der verdächtigten Leistungsanbieter weitergeben dürfen. Gewiss müssen sensible Patientendaten geschützt werden. Dasselbe darf aber nicht für Betrüger gelten. Das Interesse der Allgemeinheit an einer wirksamen Aufklärung von Straftaten im Gesundheitssystem sollte Vorrang haben. Deshalb muss der Gesetzgeber dafür sorgen, dass die Krankenkassenermittler auf einer praktikablen datenschutzrechtlichen Grundlage arbeiten können.

Aber auch in einem anderen Bereich liegt einiges im Argen. In den Jahren 2004 und 2005 erhielten die Krankenkassen von den Vereinigungen der Mediziner und Zahnärzte nicht einen einzigen Hinweis auf das Fehlverhalten eines ärztlichen Mitgliedes, obwohl auch sie zur Zusammenarbeit mit den Krankenkassen verpflichtet sind. Natürlich haben diese Verbände neben ihrem Prüfauftrag auch die Interessen der Ärzte zu vertreten.

Aber sie verstehen diesen Auftrag falsch, wenn sie die Kriminalität im Gesundheitswesen nicht ernst nehmen oder gar versuchen, sie in den eigenen Reihen zu vertuschen. Denn die Täter in Weiß schaden sowohl dem Ansehen als auch dem Geldbeutel der ehrlichen Mediziner. Deshalb sollten sich die Ärztevereinigungen künftig stärker als Lobby der ehrlichen Mediziner verstehen und eine konstruktivere Rolle beim Kampf gegen die Kriminalität spielen.

7. Datenschutz darf nicht länger Täterschutz sein

Die elektronische Gesundheitskarte wurde ausgiebig getestet und muss endlich eingeführt werden. Die Bedenken von Datenschützern sind zwar ernst zu nehmen, denn medizinische Angaben sind immer sensible Daten. Allerdings darf die notwendige Diskussion über Datensicherheit nicht dazu führen, dass Datenschutz zum Täterschutz wird. Denn die neue Gesundheitskarte kann entscheidend dazu beitragen, dass die Abrechnungen transparenter werden. Unter den Warnern und Mahnern dürften sich deshalb einige befinden, die vor allem um ihre eigenen Pfründe fürchten.

Damit die Karte ihre volle Wirksamkeit entfalten kann, müssten die Versicherten allerdings alle durchgeführten und abgerechneten Behandlungen darauf speichern lassen und diese Daten auch kontrollieren. Ein Besuch beim Arzt oder Apotheker würde künftig sehr viel betrugssicherer ablaufen: Der Mediziner muss das Rezept in Zukunft nämlich direkt auf der Karte speichern. Damit geht der Patient in die Apotheke. Der Apotheker liest die Karte dort ein, gibt die verordneten Arzneimittel ab und übernimmt die Daten für seine Abrechnung mit den Krankenkassen in seine EDV. Ein solches System wäre sehr viel schwerer zu manipulieren, weil der Apotheker nun nicht mehr per Kugelschreiber nach Gusto auf dem Rezept herumkritzeln kann.

Und auch der Datenschutz kommt nicht zu kurz. Denn

nach dem Gang zum Apotheker werden die Daten von der Gesundheitskarte des Versicherten gelöscht. Mit der dauerhaften Speicherung von Leistungen auf seiner Karte muss sich der Versicherte einverstanden erklären. Hierfür wird es einen bestimmten Bereich auf der Karte geben, in dem er seine Daten verwalten kann. Diese können immer nur mit seinem Einverständnis vom Arzt oder anderen Personen gelesen werden. Gleichzeitig kann der Patient die für ihn erbrachten Leistungen auf seiner Karte einsehen. Doch nicht nur Leistungserbringern würde das Betrügen erschwert. Weil die Gesundheitskarte nach einem Wechsel der Krankenkasse, einem gemeldeten Verlust oder einem Diebstahl online sofort gesperrt werden kann, ist die Weiter- oder Fremdnutzung nicht mehr möglich. Da die Karte zudem mit einem Foto versehen ist, lässt sie sich schwieriger als bisher verkaufen oder verleihen.

Eine weitergehende Möglichkeit wäre ein anonymisierter Pool von Versichertendaten, der alle Abrechnungen der Krankenkassen umfasst und für systematische Auswertungen genutzt werden könnte. Dieser müsste allerdings bei einer zentralen Institution angesiedelt sein. Das könnte das Bundesversicherungsamt sein, der Spitzenverband der Krankenkassen oder ein Gremium aus Vertretern der Krankenversicherungen, Leistungserbringern und Datenschützern. Tätern, die ihre falschen Abrechnungen sogar bewusst über alle Krankenkassen streuen, um nicht so schnell aufzufallen, könnte auf diese Weise der Garaus gemacht werden.

Wenn momentan eine Krankenversicherung Auffälligkeiten feststellt, bei denen es zum Beispiel auf den Umfang der täglich erbrachten Leistungen des Verdächtigen ankommt, müssen aus den Ergebnissen aller Krankenkassen aufwendige Tagesprofile gebastelt werden. Wenn die Möglichkeit bestünde, alle Daten regelmäßig auswerten zu können, wäre das eine entscheidende Verbesserung.

All diese Maßnahmen könnten helfen, den kleinen und großen Betrug im Gesundheitssystem einzudämmen. Grundsätzlich etwas ändern können jedoch nur wir alle als Patienten. Noch dominiert Ehrfurcht das Verhältnis zu unseren Ärzten, noch ist blindes Vertrauen die Regel oder schlimmer noch: Angst. Diese Furcht resultiert aus einem Gefühl der Abhängigkeit, der tief verwurzelten Idee, der Kranke dürfe auf die heilenden Helfer allenfalls hoffen, aber nichts einfordern.

Das Gegenteil ist richtig. Ärzte, Apotheker und Co. sind Dienstleister, keine Zauberer. Sie kümmern sich um unsere Gesundheit und werden dafür gut bezahlt. Sie verdienen Vertrauen, wenn ihre Handlungen es rechtfertigen, sie müssen sich aber auch gefallen lassen, dass sie hinterfragt werden.

Doch auch unser eigenes Verhalten müssen wir überdenken. Wenn niemand hinsieht, sind auch wir Patienten allzu schnell bereit, unseren Vorteil zu suchen. Einigen erscheint das Gesundheitssystem wie ein nie versiegendes Füllhorn, von dessen Früchten sie nach Lust und Laune naschen können. Dabei baut unser Gesundheitswesen auf Solidarität – die Gesunden sollen für die Kranken da sein. Denn niemand weiß, was morgen ist. Und jeder soll im Ernstfall umfassend versorgt sein, wenn nötig, bis zum Ende seines Lebens.

Anmerkungen

Der große Reibach mit unserer Gesundheit

1 Allensbacher Berufsprestigeskala 2008,
http://www.ifd-allensbach.de/news/prd_0802.html

2 «Transparenzmängel, Korruption und Betrug im deutschen Gesundheitswesen – Kontrolle und Prävention als gesellschaftliche Aufgabe».
Grundsatzpapier, 5. Aufl., Juni 2008, S. 5 (in der PDF-Version im
Netz); vgl. auch http://www.transparency.de/fileadmin/pdfs/The-
men/Gesundheitspapier Stand_2008_Auflage_5_08-08-18.pdf

Apotheker auf Abwegen

1 «Drogisten und Discounter greifen an», Handelsblatt vom 3.9.2008

2 Vgl. Britta Bannenberg/Dieter Rössner: Kriminalität in Deutschland,
München 2005, S. 35ff.

Betrüger in Weiß

1 Andere Statistiken bestätigen diese Zahlen. Die Betrugsbekämpfer
der AOK Niedersachsen zum Beispiel arbeiteten im gleichen Zeitraum an knapp 240 Medizinerfällen, auch hier belegten die Ärzte
einen zweiten Platz. Niedersächsisches Ärzteblatt 04/2008: http://
www.haeverlag.de/nae/n_beitrag.php?id=2109

2 http: // www.gesundheitswirtschaft.info / content / view / 2464 /
417/

3 Frankfurter Allgemeine Zeitung vom 13.5.2008, S.4, etwas aktuellere,
aber weniger präzise Angaben macht der Tagesspiegel: http://www.

tagesspiegel.de / zeitung / Fragen-des-Tages-Honorarreform;art
693,2760616
4 Bernd-Dieter Meier und Denise Homann: Betrug im Gesundheitswesen, Hannover 2008, S. 438–445
5 Ebd., S. 435 f.

Therapeuten im Zwielicht
1 Frankfurter Allgemeine Zeitung vom 9. 5. 2005, S. 15
2 Ärzte-Zeitung, 3. 2. 2009.

Gut geschmiert ist halb gewonnen
1 Mitteilung des Statistischen Bundesamtes vom 5. 5. 2008. Die Angaben beziehen sich allerdings auf 2006. Vgl. http://www.destatis.de
2 Orthopädische Nachrichten, Biermann Medien, Internetlink: http://
www.ortho-online.de/news/ vom 7. 12. 2008

Tatort Krankenhaus
1 Die Tageszeitung vom 11. 12. 2008, S. 2. Der Krankenhaus Rating
Report 2008 stellt einen deutlichen Zusammenhang zwischen Wirtschaftlichkeit und Qualität der Krankenhäuser her: Höhere Wirtschaftlichkeit geht meist mit höherer Qualität einher. Qualitativ
auffällige Häuser weisen regelmäßig schlechtere Bilanzergebnisse
auf. Die Forscher empfehlen deshalb eine Marktbereinigung um zehn
Prozent und eine Erhöhung der Vergütung für die verbleibenden
Häuser. Vgl. http://idw-online.de/pages/de/news251380
2 Frankfurter Allgemeine Zeitung vom 18. 3. 2008, S. 10
3 Die Statistik stammt aus Sozialpolitik Aktuell, einem kostenlosen
Portal der Universität Duisburg-Essen. Die Hochschule hat Zahlen
des Bundesgesundheitsministeriums grafisch aufbereitet.
Zu finden unter www.sozialpolitik-aktuell.de/tl_files/sozialpoli-
tik-aktuell / Politikfelder / Gesundheitswesen / Datensammlung /
Vorschau-Dateien/abbVI25.gif. Vgl. auch http://de.statista.com/
statistik/daten/studie/2812/umfrage/aufgliederung-der-ausgaben-
anteile-der-gesetzlichen-krankenkassen/
4 Frankfurter Allgemeine Zeitung vom 25. 9. 2008, S. 1
5 Vgl. Karl Lauterbach: Gesund im kranken System, Berlin 2009,
S. 142 ff.

6 OECD Health Data 2008

7 Süddeutsche Zeitung Online vom 27.3.2009, www.sueddeutsche. de/politik/552/463164/text/

8 Der Spiegel, 27.10.2008, S. 44–46

Patienten als Selbstbediener

1 Chip Online vom 13.1.2004, http://www.chip.de/news/Kranken-kassen-Chipkarten-Betrug-kostet-Milliarden_13711087.html. Ärzt-liche Praxis Online vom 19.03.2007, http://www.aerztlichepraxis. de/artikel_politik_krankenkassen_chipkarte_1174305825.htm

2 Bernard Braun / Hagen Kühn / Hartmut Reiners: Das Märchen von der Kostenexplosion, Frankfurt/Main 1999, S. 81 ff.

3 Ärztezeitung, 10./11.11.2006, S. 1; Ärztliche Praxis, 21.11.2006, S. 18 und MMW – Fortschritte der Medizin, Nr. 46/2006 (148. Jg.), S. 3

4 Niedersächsisches Ärzteblatt Online vom 4.7.2008, http://www. haeverlag.de/nae/n_beitrag.php?id=2109

5 Spiegel Online vom 20.1.2007, http://www.spiegel.de/sport/ sonst/0,1518,459177,00.html, Stand 2007 und Netdoktor vom 15.9.2000, http://www.netdoktor.de/Magazin/Waschbrettbauch-und-Muckis-1375.html

Nützliche Adressen für Patienten

Unabhängige Patientenberatung Deutschland (UPD), Bundesgeschäfts-stelle (hier keine Beratung), Littenstraße 10, 10179 Berlin, Telefon: 030 200 89 23-3, kostenfreies bundesweites Beratungstelefon: 080 00 11 77 22, Montag bis Freitag 10–18 Uhr, 22 Beratungsstellen bundesweit, Internet: http://www.unabhaengige-patientenberatung.de/

Helga Kühn-Mengel, Beauftragte der Bundesregierung für die Belange der Patientinnen und Patienten, Friedrichstraße 108, 10117 Berlin, Tele-fon: 030 184 41-34 20, Fax: 030 1 84 41-34 22, Internet: www.patienten-beauftragte.de

GKV-Spitzenverband, Mittelstraße 51, 10117 Berlin, Telefon: 030 20 62 88-0, Fax: 030 20 62 88-88, Internet: https://www.gkv-spitzenverband.de/Versicherte.gkvnet

Gemeinsamer Bundesausschuss, Auf dem Seidenberg 3a, 53721 Siegburg, Telefon: 022 41 93 88-0, Fax: 022 41 93 88-5 73, Internet: http://www.g-ba.de/

Kassenärztliche Bundesvereinigung, Herbert-Lewin-Platz 2, 10623 Berlin, Postfach 12 02 64, 10592 Berlin, Telefon: 030 40 05-0, Fax: 030 40 05-15 90, Internet: http://www.kbv.de/patienteninformation/82.html; http://www.g-ba.de/downloads/62-492-280/RL-Gesundheit; http://www.g-ba.de/downloads/62-492-312/RL_KFU

Woran erkennt man eine gute Arztpraxis? Internet: http://www.aezq.de/edocs/pdf/info/flyer_checkliste_arztpraxis.pdf

Bundesärztekammer, Herbert-Lewin-Platz 1, 10623 Berlin, Postfach 12 08 64, 10598 Berlin, Telefon: 030 40 04 56-0, Telefax: 030 40 04 56-3 88, Patientenbereich Internet: http://www.bundesaerztekammer.de/default.asp?his=2

Institut für Arzneimittelinformation (arznei-telegramm), Bergstraße 38A, Wasserturm, 12169 Berlin, Telefax: 030 79 49 02 20 (Redaktion), Internet: http://www.arznei-telegramm.de

Institut für Qualität und Wirtschaftlichkeit im Gesundheitswesen, Dillenburger Straße 27, 51105 Köln, Telefon: 0221 3 56 85-0, Fax: 0221 3 56 85-1, Internet: http://www.iqwig.de

Patienteninformation bei Behandlungsfehlern, Alexandra-Lang-Stiftung für Patientenrechte, Postfach 01 25, 53921 Kall, Telefon: 0 24 41 77 52 76, Fax: 0 24 41 77 52 78, Internet: http://www.alexandra-lang-stiftung.de

Versichertenportal der KKH-Allianz, Internet: http://www.kkh-allianz.de/index.cfm?pageid=749 Abrechnungsbetrug und Korruption (Betrug melden), Internet: http://www.kkh-allianz.de/index.cfm?pageid=171

Danksagung

Dr. Michaela Röll hat die Idee und damit die Initialzündung für dieses Buch geliefert. Für ihre professionelle Beratung und den positiven Gedankenaustausch bin ich ihr sehr dankbar. Dank gebührt auch meinem Lektor Jens Dehning von Rowohlt · Berlin, der das Projekt mit großem Einsatz vorangetrieben hat. Die KKH-Allianz hat mir die Verwirklichung dieses Buches freundlicherweise genehmigt und damit erst möglich gemacht. Ganz besonders danke ich Klaus Böttcher, der mich auf Widersprüche und Ungenauigkeiten hingewiesen hat. Verbliebene Fehler gehen selbstverständlich auf mein Konto. Dank schulde ich auch meinem Team, das mir immer wieder Detailfragen zu einzelnen Fällen geduldig beantwortet hat.

Es liegt mir am Herzen, an dieser Stelle auch den vielen namentlichen und anonymen Hinweisgebern zu danken, auf deren Informationen wir so dringend angewiesen sind und die in diesem Buch nur in begrenztem Maße zu Wort kommen konnten.

Ich habe diesem Buch viele Tage, lange Nächte und Wochenenden gewidmet. Mein größter Dank gilt daher meiner Tochter, die während des Entstehens dieses Buches wie so oft auf mich als Gesprächspartnerin verzichten musste.